学修成果への挑戦

地方大学からの教育改革

濱名　篤

東信堂

はしがき

私が学長を努める関西国際大学（以下「本学」という）は今年創立二〇周年を迎えた。一九九八年の開学から七年目の二〇〇五年四月に学長に就任してから四期一四年目、理事長就任から一三年目を迎えたことになる。本学の前身の関西女学院短期大学から数えれば三一年にわたり、兵庫県三木市という人口約八万人の地方都市で生まれた小さな学校法人が、今日まで何とか発展を遂げてきたのは、地域社会の皆さんのご理解ご支援や教職員の協力があったからこそと、感謝している。それとともに、今日の私のものの見方の基盤となっていることの多くは、上智大学大学院の時代からご指導頂いた故清水義弘先生、修士論文と博士論文の指導をして頂いた上智大学社会学科の故岡本英雄先生、そして教育社会学、歴史研究、高等教育研究のすべての分野で時に厳しく、時に温かく、助言して頂いた東京大学名誉教授の天野郁夫先生から学ばせて頂いた。清水先生の勧めで、東大大学院の授業にモグリ学生として行かせて頂いて以来、歴史研究の面白さ、社会階層研究領域と高等教育の関係への関心を持ったこと、さらに関西に戻り短大新設の申請準備に従事することになった際に、歴史研究だけでは研究に時間が割けないので、もう一つ仕事に繋がる研究テーマを持つようにご助言を頂いたことが、歴史研究から高等教育へと私の研究領域を広げ発展させていくきっかけとなった。

さて、本書はこれまでの私の著作や講演を基に再構成したものであるが、高等教育研究者としての関心と、都市圏の周縁に位置する地方都市の小規模な私立大学が、後発大学としてどのように特色を出し、レゾンデートルを確立することができるかという大学経営の実務的な観点が交錯する中で、研究と実践の両面において取り組んできた課題についての論稿に加筆修正してまとめた。

本学の前身は一九八七年に当時「公私協力方式」と呼ばれた、地元兵庫県三木市から土地の無償譲渡で誘致を受けて開学した関西女学院短期大学である。しかし、短大の人気低下と、神戸市に隣接しているとはいえ通学条件（利便性と運賃）に恵まれていなかったことで、四年制大学への昇格を準備していたのである。だが、一九九五年一月の阪神淡路大震災によって、就職活動までに一年しかない短大が地元では厳しい条件に置かれたこともあって、申請準備を急ぎ一九九八年四月の開学を迎えた。このような地方の後発小規模大学に身を置く高等教育研究者にとっての高等教育研究は、研究のための研究ではなく、実践的な課題発見・解決のための〝実学〟でなければ意味がない。

本書は、こうした後発小規模大学が社会全体や地域社会にとってどのような役割を果たしてきたのか、あるいはこれから果たし得るのかという問題関心に貫かれている。

本書の構成は必ずしも時代の流れの順番にはなっていない。

大学新設ブームの最後であった当時、マーチン・トロウ氏のいう高等教育のマス化からユニバーサル化への移行が日本でも問題になりつつあった。学力だけでなく、学習意欲、学習習慣、学習目標など〝多様化〟する学生にどのように向かい合うのか。中退率、学習支援、初年次教育といった第4章で取り上げた内容は、問題関心としては早い時期からのものである。

進学率の上昇や一八歳人口の減少による大学進学者の〝多様化〟への対応は、細やかな学生指導や支援を行っているだけでは社会から認められてこなかった。「日本の大学は多すぎる」という批判は、定員割れといった大学教育の、量的に把握でき得る側面と、根拠のはっきりしない「大学教育の質」といった質的な側面に対するものとの相乗効果によって大きな声になってきている。〝学修成果の可視化〟や〝質保証〟といった「大学教育の質」について、大学関係者や高等教育研究者の取り組みは大幅に遅れている。

大学教育の質を批判する方々の大学観は、多くの場合ご自分が大学教育を受けた頃で時計がとまっているケースがままみられる。経済同友会関係の委員会の委員長を務めた知人の話によると、この種の委員会で最も意見がまとまりにくいのが大学問題についてであるらしい。大学についての印象論や現在の大学教育のことを理解しておられない企業関係者も少なくないという。

大学教育の質が、外部者のランキングや偏差値を根拠にみられており、大学の学部・学科などや大学での成績が顧みられないことは、大学にとっても学生にとっても悲劇である。大学教育が「何を教えるか」から「何を身につけるか（できるようになるか＝Can do）」へと変化し、諸外国の動向からみても世界の新たな潮流になっている。序章から第1章はこのような問題関心から執筆した。

大学の数が多すぎる、定員割れするような大学は市場から退場、もしくは統廃合していけばいい――こうした声がある一方で、東京への一極集中に対する疑問の声も大きい。首都圏、それ以外の大都市圏、地方都市圏、といった立地条件の違いがもたらす影響は大きい。実際のデータに基づいて考えれば、新自由主義的な市場原理に任せておくことが国や社会全体の利益に繋がるのか。この問題関心からマクロな視点で分析したのが第2章である。このような状況下にあって、本学は何をなそうとしているのか。以上のような関心から第3章は書かれている。

この二〇年あまりの高等教育の変化をみると、〝多様化〟と〝質保証〟という二つの両立しにくい課題は、根本的な改善がされないまま、積み残されてきた。第4章は〝多様性〟への対応として初年次教育を取り上げた。第5章は、若年人口がさらに減少していく中で、ドラッカー流の経営学でいう〝マネジメント〟、簡単にいえば組織の機能を最大化するための〝教学マネジメント〟を待ったなしで実行するために、どうしていくことが必要なのかについて論じている。

大学を新設するのは難しいが、潰すのも難しいといわれた時代から、大学の整理統合が目前ともいわれているようになってきている。OECD先進国の中で平均進学率を下回る我が国の大学数を減らすことがいいのか、大学教育の質を改善・改革して地方にも大学という知的インフラを残し、地域のために活用していくことが望ましいのか。本書がこのような課題を考える一助になれば幸いである。

最後に、このような機会を与えて頂いた東信堂の下田勝司社長と関係スタッフの皆様そして歴代教職員の皆様に心からの感謝を申し上げたい。

■目次／学修成果への挑戦—地方大学からの教育改革

編集協力／佐藤直樹

学修成果への挑戦

——地方大学からの教育改革

序章　いま大学に何が求められているのか

1　いま大学に何が求められているのか

大学を取りまく社会に、いま、どのようなことが起きようとしているのだろうか。

一〇年〜二〇年先の、いわばそう遠くない未来。これまで人間にしかできないと思われていた仕事の約半分が、コンピュータによって制御されたロボットや機械に取って代わられる……こんな大胆で、衝撃的な予測を立てた論文（『雇用の未来――コンピュータ化によって仕事は失われるのか』）が大きな話題になった。

銀行の融資担当者
スポーツの審判
不動産ブローカー
レストランの案内係
保険の審査担当者
動物のブリーダー
電話オペレーター
給与・福利厚生担当者
レジ係
娯楽施設の案内係、チケットもぎり係
カジノのディーラー
ネイリスト
クレジットカード申込者の承認・調査を行う作業員
集金人
パラリーガル、弁護士助手
ホテルの受付係
電話販売員
仕立屋(手縫い)
時計修理工
税務申告書代行者
図書館員の補助員
データ入力作業員
彫刻士
苦情の処理・調査担当者
簿記、会計、監査の事務員
検査、分類、見本採取、測定を行う作業員
映写技師
カメラ、撮影機器の修理工
金融関係のクレジットアナリスト
メガネ、コンタクトレンズの技術者
殺虫剤の混合、散布の技術者
義歯政策技術者
測量技術者、地図作製技術者
造園・用地管理の作業員
建設機器のオペレーター
訪問販売員、路上新聞売り、露店商人
塗装工、壁紙張り職人

図序－1　自動化が予想される職業ベスト20

(オズボーン氏の論文『雇用の未来』参照)

それは英オックスフォード大学でＡＩ（人工知能）などの研究を行うマイケル・Ａ・オズボーン准教授が同大学の研究員とともに著わした論文である。注目すべきは、米国労働省のデータに基づき七〇二の職種が、今後どれだけコンピュータ技術によって自動化されるのかを予想、分析している点。この結果、驚くことに約半分の職種が自動化されるというのである（**図序―1**）。

自動化といえば何やら便利で明るい未来をイメージさせる。面倒なことは全部ロボットにお任せで、人間はとてもラク。その分、他の楽しいことに時間を割くこともできる。だが、一方で深刻な事態も想定されるのだ。なぜならこのことは、自動化の対象になっている仕事に従事している人たちは失業し、その仕事が機械に取って代わられる、言葉を換えると機械に仕事が奪われることを意味しているのだ。しかもその職種は、産業界全体の約半数に及ぶというからすさまじい。つまり、現在の仕事に従事している人の、約半分は失業することを意味しているのである。あまり想像したくない未来だが、実はこのような事態はすでに我々は経験済みなのではないだろうか。

かつてはバスや電車に乗ると必ず運転手と車掌がいた。それがどうだろう、いつの間にかワンマンになり、料金の徴収も、ドアの開け閉めも、運航に必要なアナウンスもすべて運転手が一人で行っている。さらに、神戸のポートライナーを始めとして、すでに運転手の姿さえみえない新交通システムも導入されている。公共交通機関の一部では、ほぼ自動運転が実現しているのだ。ＡＩ化、ロボット化は予想以上に速く、私たちの身近に進行しているのである。

日本の産業はどのように変わるのか

自動化が難しいとされる看護や介護の仕事でさえ、仕事内容の約三〇％がロボットによって代替可能と予測されている。コンピュータの技術革新はめざましい。これまでは、機械やロボットは決まりきった単純な作業しかできないと思われてきた。だが、そういう時代はとっくの昔に過ぎ去ったようだ。手先の器用さ、正確さ、対応力、サービス能力、緻密で間違いのない作業力など、各仕事に必要なスキルを人間以上に持ってしまっているのである。

日本に即したデータがある。国内の六〇一種の職業について、前述のオックスフォード大学と日本の研究チーム（株式会社野村総合研究所）が合同して研究分析（二〇一五年）したものである（**図序―2**、**図序―3**）。

そこでは、今後一〇～二〇年後（二〇二五～二〇三五年）には、日本の労働人口の四九％が、技術的には人工知能やロボットなどに取って代わられる可能性が高いというのである。もちろん、これらの研究はあくまで、コンピュータによる技術的な代替可能性である。実際に代替されるかどうかは、労働需給を含めた社会環境要因の影響も考慮されなければならない。だが、人工知能の〝実力〟が急速に高まっているのは事実なのだ。

クルマの自動運転が話題になっている。実用化までには解決しなければならない課題は多いが、

1 IC 生産オペレーター
2 一般事務員
3 鋳物工
4 医療事務員
5 受付係
6 AV・通信機器組立・修理工
7 駅務員
8 NC 研削盤工
9 NC 旋盤工
10 会計監査係員
11 加工紙製造工
12 貸付係事務員
13 学校事務員
14 カメラ組立工
15 機械木工
16 寄宿舎・寮・マンション管理人
17 CAD オペレーター
18 給食調理人
19 教育・研修事務員
20 行政事務員（国）
21 行政事務員（県市町村）
22 銀行窓口係
23 金属加工・金属製品検査工
24 金属研磨工
25 金属材料製造検査工
26 金属熱処理工
27 金属プレス工
28 クリーニング取次店員
29 計器組立工
30 警備員
31 経理事務員
32 検収・検品係員
33 検針員
34 建設作業員
35 ゴム製品成形工（タイヤ成形を除く）
36 こん包工
37 サッシ工
38 産業廃棄物収集運搬作業員
39 紙器製造工
40 自動車組立工
41 自動車塗装工
42 出荷・発送係員
43 じんかい収集作業員
44 人事係事務員
45 新聞配達員
46 診療情報管理士
47 水産ねり製品製造工
48 スーパー店員
49 生産現場事務員
50 製パン工
51 製粉工
52 製本作業員
53 清涼飲料ルートセールス員
54 石油精製オペレーター
55 セメント生産オペレーター
56 繊維製品検査工
57 倉庫作業員
58 惣菜製造工
59 測量士
60 宝くじ販売人
61 タクシー運転者
62 宅配便配達員
63 鍛造工
64 駐車場管理人
65 通関士
66 通信販売受付事務員
67 積卸作業員
68 データ入力係
69 電気通信技術者
70 電算写植オペレーター
71 電子計算機保守員（IT 保守員）
72 電子部品製造工
73 電車運転士
74 道路パトロール隊員
75 日用品修理ショップ店員
76 バイク便配達員
77 発電員
78 非破壊検査員
79 ビル施設管理技術者
80 ビル清掃員
81 物品購買事務員
82 プラスチック製品成形工
83 プロセス製版オペレーター
84 ボイラーオペレーター
85 貿易事務員
86 包装作業員
87 保管・管理係員
88 保険事務員
89 ホテル客室係
90 マシニングセンター・オペレーター
91 ミシン縫製工
92 めっき工
93 めん類製造工
94 郵便外務員
95 郵便事務員
96 有料道路料金収受員
97 レジ係
98 列車清掃員
99 レンタカー営業所員
100 路線バス運転者

図序―2　人工知能やロボット等による代替可能性が高い 100 種の職業

＊ 50 音順、並びは代替可能性確率とは無関係。職業名は、労働政策研究・研修機構「職務構造に関する研究」に対応
（野村総研（NRI）2015 年　https://www.nri.com/jp/news/2015/151202_1.aspx）

1 アートディレクター
2 アウトドアインストラクター
3 アナウンサー
4 アロマセラピスト
5 犬訓練士
6 医療ソーシャルワーカー
7 インテリアコーディネーター
8 インテリアデザイナー
9 映画カメラマン
10 映画監督
11 エコノミスト
12 音楽教室講師
13 学芸員
14 学校カウンセラー
15 観光バスガイド
16 教育カウンセラー
17 クラシック演奏家
18 グラフィックデザイナー
19 ケアマネージャー
20 経営コンサルタント
21 芸能マネージャー
22 ゲームクリエーター
23 外科医
24 言語聴覚士
25 工業デザイナー
26 広告ディレクター
27 国際協力専門家
28 コピーライター
29 作業療法士
30 作詞家
31 作曲家
32 雑誌編集者
33 産業カウンセラー
34 産婦人科医
35 歯科医師
36 児童厚生員
37 シナリオライター
38 社会学研究者
39 社会教育主事
40 社会福祉施設介護職員
41 社会福祉施設指導員
42 獣医師
43 柔道整復師
44 ジュエリーデザイナー
45 小学校教員
46 商業カメラマン
47 小児科医
48 商品開発部員
49 助産師
50 心理学研究者
51 人類学者
52 スタイリスト
53 スポーツインストラクター
54 スポーツライター
55 声楽家
56 精神科医
57 ソムリエ
58 大学・短期大学教員
59 中学校教員
60 中小企業診断士
61 ツアーコンダクター
62 ディスクジョッキー
63 ディスプレイデザイナー
64 デスク
65 テレビカメラマン
66 テレビタレント
67 図書編集者
68 内科医
69 日本語教師
70 ネイル・アーティスト
71 バーテンダー
72 俳優
73 はり師・きゅう師
74 美容師
75 評論家
76 ファッションデザイナー
77 フードコーディネーター
78 舞台演出家
79 舞台美術家
80 フラワーデザイナー
81 フリーライター
82 プロデューサー
83 ペンション経営者
84 保育士
85 放送記者
86 放送ディレクター
87 報道カメラマン
88 法務教官
89 マーケティング・リサーチャー
90 マンガ家
91 ミュージシャン
92 メイクアップアーティスト
93 盲・ろう・養護学校教員
94 幼稚園教員
95 理学療法士
96 料理研究家
97 旅行会社カウンター係
98 レコードプロデューサー
99 レストラン支配人
100 録音エンジニア

序図—3　人工知能やロボット等による代替可能性が低い 100 種の職業

＊ 50 音順、並びは代替可能性確率とは無関係。　職業名は、労働政策研究・研修機構「職務構造に関する研究」に対応

（野村総研（NRI）2015 年　https://www.nri.com/jp/news/2015/151202_1.aspx）

ワンマン化など、これまでの個々の自動化のステップを考えると、予想以上に速いスピードで実現される可能性は高いのだ。

あくまでもデータ上の比較だが、人工知能やロボットなどによる代替可能性が高い労働人口の割合は英国が三五％、米国四七％、そして日本が四九％。英米と同じアルゴリズムで（コンピュータで計算を行う時のより効率的な計算方法を用いた分析）分析しているのだが、日本がわずかではあるが、日米英三国の中でいちばん高いパーセンテージを示しているのが気になるところだ。

技術革新のスピードは驚くほど速い。実社会のあらゆる事業・情報がデータ化・ネットワーク化され、自由にスピーディにやりとりが可能になっている（IoT）、集まった大量のデータを分析し、新たな価値を生み、有効に利用できるようにもなってきている（ビッグデータ）、機械が自ら学習し、人間を越えた高度な判断が可能になる（人工知能＝ＡＩ）、多様かつ複雑な作業についても自動化が可能になる（ロボット化）社会は、すでに到来している。これに伴い、産業構造や就業構造が劇的に変化するのは当然のことなのである。

機械に取って代わられない人間独自の能力とは？

では、われわれには何ができるのか。絶対に人間でなければできない専門的な能力を見出し、その能力を養うためにはどうしたらいいのか。状況変化に対応できる汎用的な能力を伸ばすにはどのような学習が必要なのか。しかしこのような能力は現場との関係性、レリバンス（適合性）が重要になるのはいうまでもない。現場との関連性、整合性がないと、様々な事態や状況の変化に対応するのが難しくなる。またどのような時にどのような思考を展開させるのかが、分からなくなるのである。柔軟性のある対応力は、現場と繋がった合理的で科学的な訓練を重ねることで、身につく能力なのである。

かつて、教育の成果は一〇年後、二〇年後でなければ現れないものだといわれていた。だが、もうそのような悠長なことはいっていられない。成果をいち早く求められる時代になってきたからである。では、そのニーズに応えるにはどうしたらいいのか。そのポイントは何なのだろうか。

将来予測が極めて困難な時代である。このような状況において大学とはどうあるべきなのか。企業の規模に価値を置くのか、職種選択が重要な鍵を握るのか。私は、大学の四年間で「何ができるようになるのか」「何を身につけるか」が、一生を左右する重要なポイントになると考えている。

大学ユニバーサル化の時代の到来

一九七〇年代のアメリカの社会学者マーチン・トロウは、社会の発展と成熟により大学進学率は拡大し、大学に対する意識と大学の在り方そのものが劇的に変化すると予測した。彼は大学への進学率が一五％を超えると「エリート型」から「マス型」へ移行、五〇％を超えると「ユニバーサル型」

に進むと分析。そして、大学の基本的な性格や機能に変化が現れると分析している。

「ユニバーサル型」とは、大学が発展する最終段階を意味している。いわば大学全入時代の到来である。まるで義務教育であるかのように、みんなが大学進学を希望するのである。

世界的にみて大学は、かつては一部の貴族や特権階級の子弟が学ぶ場所であった。つまりエリートに限定されていたのである。それが時代を経て、新興の勢力や富裕層の出現により、条件さえ整えば進学が可能となる。大学の大衆化＝マス化である。そして最終段階が、現在のアメリカ、北欧諸国、そして韓国、日本。進学率が五〇％を超え、望めば多くの学生に高等教育の機会が与えられる時代、いわゆる「全入時代」が到来したのである。

トロウの発展段階説を、日本に当てはめてみよう。

明治時代は旧帝国大学をはじめ、大学もわずかしか存在しなかった。進学率は一％程度。まさにエリート中のエリートだけが大学で学んだのである。私立大学ができたのは、明治以前に創立された慶應義塾大学を除いて、大正時代から。そして日本の大学は一九六〇年代の経済成長から劇的に変化する。

それまでは一〇％にも達していなかった大学進学率は一九七〇年代の中期までには二〇％を超え、短期大学を含めれば四〇％に達したのである。つまり日本の大学は、わずか十数年という短い期間に「エリート型」から大衆化＝マス化、つまり「マス型」へと移行したのである。

二〇〇五年前後になると、大学進学率は四〇%を超えた。短大を加えれば五〇%、専修学校を加えれば約七〇%の進学率。これはもう、七〇年代半ばに、ユニバーサル化、あるいは実質「ユニバーサル型」の時代に移行したことを意味している。

大学の二〇一八年問題。二〇四〇年、大学への進学者数五一万人弱

ところが新たな問題がクローズアップされるのである。二〇一八年は日本の高等教育のターニングポイントになる年である。というのは、それまで一〇年ほど横ばいだった一八歳人口が再び減少期に入ったからである。

一八歳人口は一九九二年の二〇五万人を境に減少に転じたが、この一〇年ほどは一二〇万人程度の人数をキープしてきた。ところが二〇一八年には再び減少に転化。二八年には一〇七万人、三八年には九一万人になると推定されている(**図序―4**)。

一八歳人口の減少は、当然大学の進学者数に大きく影響を及ぼす。文部科学省の試算によると二〇四〇年度は一七年度よりも、進学者は一二万人減り、五一万人弱になるという。現在の半分以下である。

一方、人口減や進学者数の減少とは逆に、大学の数は私立大を中心に増え続けてきたのである。九〇年は五〇七校だったのが一七年は七八〇校。そして私大の四割、短大の七割が定員割れを起こ

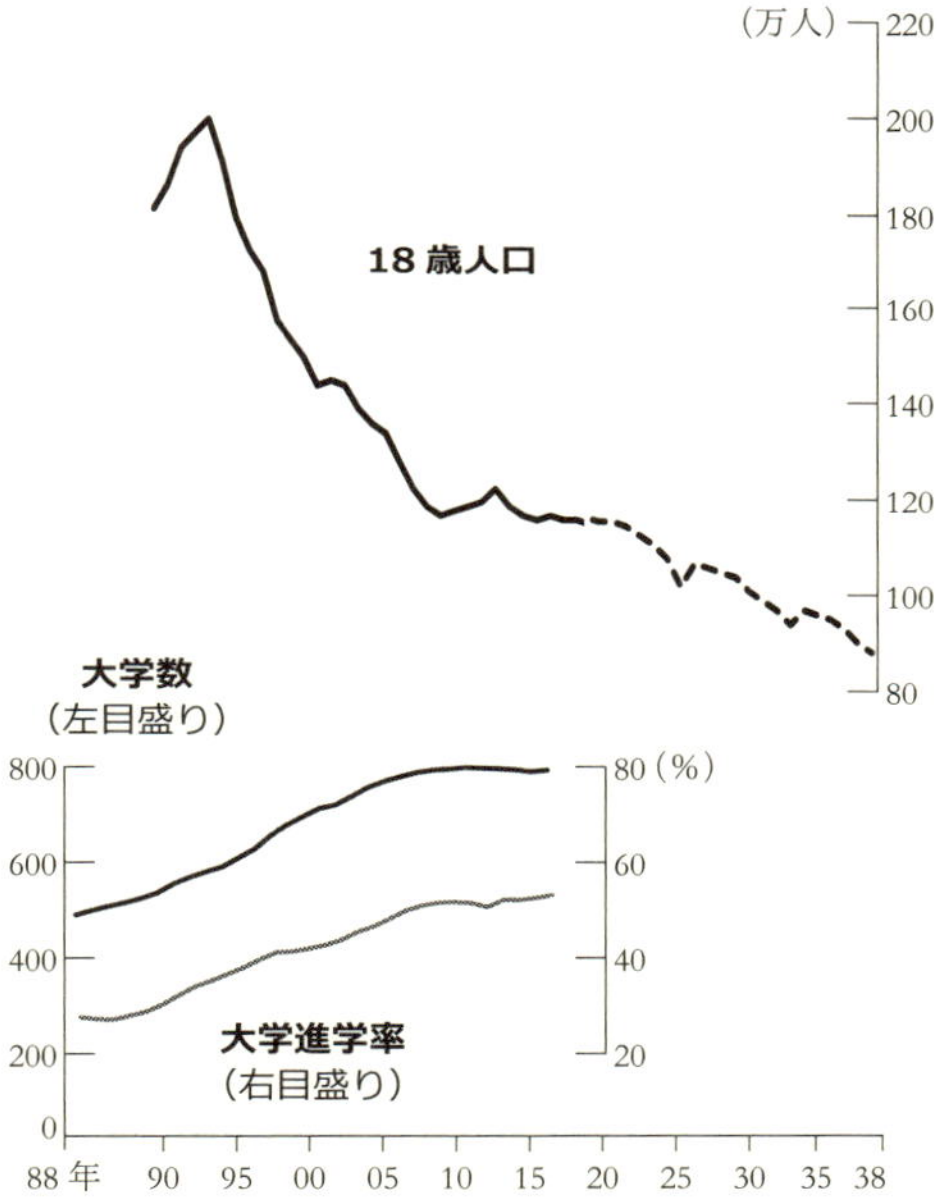

図序—4　18歳人口と大学数などの推移

（朝日新聞 2018年1月16日 文科省と国立社会保障・人口問題研究所の統計から
https://www.asahi.com/articles/photo/AS20180116000291.html）

しているのである。定員に満たない私大の九割は、入学定員四〇〇人未満の小規模大学。地方に多いといわれている。

日本私立学校振興・共済事業団（私学事業団）が六六〇法人の財政状況（一六年度）を調べたところ、一一二法人が「破綻する恐れがある」とされ、その時期が「一九年度末までに」が二一法人。「二六年度末までに」が一二法人と報告されている。

一八歳の人口減は確実に大学の経営に影響を及ぼしている。私大は学生数などに応じて国から補助金が支給されている。平均で運営費の一割弱。補助金の全支給額はおよそ年間で三〇〇〇億円。だが、財務省はこの補助金が経営困難な私大を安易に救済しているとして、定員割れを起こしている私大への補助金配分を見直すように文科省に求めているのである。つまり経営努力が足りないと思われている大学への補助金のカットである。

産業構造の大幅な変化、グローバル化、求められる知識や技術が多様化しているのにも関わらず、日本の大学教育はこれまでに大きく変化することはなかった。なぜなら日本では大学への進学希望者がつねに拡大し、大学の収容力を上回っていたからである。危機感はあったものの、それを先送りし、経営努力を怠っていたのかもしれない。こんなこともあってか、定員割れや経営難に陥る大学が増えてきたのである。

地域のイノベーションを引き起こす拠点としての地方大学の可能性

私は新自由主義、市場原理主義的な発想で、選択と集中を繰り返し、それでダメであれば、淘汰される大学は淘汰されるべきだとは、考えていない。そんな無茶なことをいっていると日本の将来性はゼロになり、日本の経済は疲弊するだけだ。改善の努力をして何とか立ち直ってほしいと願っている。そのために知恵を絞っていくべきなのである。

大学は社会に貢献するために、存在しているのである。経済合理性だけで問題は解決しない。メガバンクは地方に存在しないが、郵貯を含めた金融機関などがあるから、地方はやっていけるのだ。農協の存在も大きい。経済合理性だけで推し進めると地方は立ち行かなくなる。大学の存在はそれに似ているのではないだろうか。

地方の中堅、中小企業とのよりよい連携のカタチを模索することで、地方大学が生き抜き、そして地域に貢献できる可能性は、私はまだまだ多く残されていると信じている。

とくに地方の、小規模大学の存在は、地方創生・地方を活性化させる大きな鍵を握っている。大学はそれぞれの特色ある教育サービスを提供するだけではなく、地域社会の知識・文化の中核として、また、次世代に向けた地域活性化の拠点として見直されなければならない。同時に社会人の学び直しの場としても、その活用は大いに期待されるのである。つまり、地域においてイノベーションを引き起こす拠点となり、それを引き起こすきっかけを作り出す可能性を、地方の大学は秘めていると、私は考えているのである。

求められるのは、評価の可視化――進んでいるオリンピックやW杯の評価の仕方

オリンピックやW杯などの国際試合をみていて感心することがある。それはアスリートたちへの評価の仕方が多元的であることだ。国際大会の評価(採点方法)は大きく三つのタイプに分けられる。いちばん分かりやすいのは、勝ち負けがはっきりしているもの。例えば、ボールゲームなどでは、

得点の多いほうが勝つ。二つ目は定量的な尺度で優劣をつけるタイプである。トラック競技などで先にゴールした者、フィールド競技などでより高く跳んだ者、より遠くへ飛ばしたものなどが勝者になる。きわどい場合は写真判定によるが、基本的には非常にシンプルな評価で勝ち負けを決めているタイプである。アルペン競技やスピードスケートなど、コンマ一秒(〇・〇一秒)の差でメダルの色が変わる競技である。三つ目が、パフォーマンス評価で決まる競技。体操、フィギュアスケート、飛形点が加味されるジャンプ競技が代表的である。人間のパフォーマンスを人間がみて評価する。評価の観点、われわれの用語でいうところのルーブリック(評価項目とレベルで目標到達度を示したもの)を使って評価する。「より速く、より強く、より高く」、そして「より美しく」をどう評価するのか。スポーツの世界での評価は、多元的に進化しているのである。

だが残念なことに、スポーツ界における評価の進化を大学関係者はあまり意識していない。多元的な評価の必要性を認識していないからである。そして「内部の質保証が大事だ」と、十年一日のごとく語り、質保証のメカニズム、その評価の尺度、観点などをエビデンス(証拠、根拠、検証結果)で示そうとはしないのである。これでは「内部質保証」という言葉は単なるお題目に過ぎないものになる。唱えるだけで、実現性は遠のくばかりなのである。「内部質保証」とは何か。項目を立てて、じっくりと考えてみたい。(第1章　参照)

旧態依然の一〇〇点満点主義

ところで教育の現場はどうなのだろうか。旧態依然の一〇〇点満点主義。つまり古から用いられている一元的な尺度で、いまだに人間の能力を評価しようとしているのである。このような態度は傲慢であるといっていい。なぜなら、人間の能力を多元的、多重的に評価する努力を怠り、可能性を秘めた能力を見落とすことに繋がるからである。

評価の問題というのは、そもそも誰がどのような基準で、どのように行うのかということである。ところがこの国では、私立中学の受験から大学受験まで、一〇〇点刻みの評価しかしてこなかったのである。英検であろうが国家試験であろうが、何点以上が合格で、それ以下は不合格。合格点に至っていても、あと五点余計に取ったら上級免許を与えるというわけでもないのである。

人事評価を一〇〇点満点で行っている企業はどこにもない

社会を見回してもそうだ。少なくとも企業では、人事評価を一〇〇点満点で行っているところはどこにも存在しない。企業はまた、採用するときに筆記試験だけで決めることはない。もちろんＴＯＥＩＣ、ＴＯＥＦＬのスコアが一点でも高い人間を採るかというとそうではない。参考にはしているが、これらの点数だけが決め手になることはまずないのである。

企業では、社長の見方と部長や課長の見方は異なる。現実にどのような人間が欲しいのか。これを多面的に評価して採用を決めるのである。いわば定性的な評価である。これはわれわれが主張し、重視しているルーブリック評価に極めて近いものだといえる。

筆記試験の一点差や偏差値の〇・一の違いで大学教育は適正に差を測ることができるのだろうか。一点の差にいかなる意味があるのだろうか。これは私自身が評価に関する議論の中でいつも問題にしていることである。

少なくとも私の大学では、一〇〇点満点の評価はしていない。ＧＰＡ（Grade Point Average ＝グレードポイントアベレージ）という評価法を採用している。ＧＰＡでは各々の科目の一〇点未満の差は切り捨てることになる。なぜかというと採点した下一桁の数字を切り捨てるからである。この点についても項を改めて考えてみたい。（第３章参照）

意味がある比較は、他者とではなく、自分との比較

もちろん私も含めてだが、多くの方は、小中高校はもちろん、学生時代まで一〇〇点満点のテストの結果などで評価され続けた人生だったのではないだろうか。人から点数を与えられて、一喜一憂していたのではないだろうか。

ところで評価とは何だろう。「評価」は多くは比較から導き出される。だが、ちょっと視点を変えて考えてみると非常におかしなことに気づくのである。高校でも大学でもいいが、前年と比べる

グラフなどをよく目にすることがある。平均して去年よりも良い、悪いというようなことを示すような場合がそうだ。

これは、組織の時間軸に沿ったレベルの変化、あるいはその時点におけるレベルを調べるのならある程度有効であるかもしれない。ところが、その数字の元になっている学生たちにとって何の意味があるのだろうか。というより、例えば昨年と今年、育った環境も与えられている生活上の条件もまるで異なる集団の、ある時々のデータを比較して良い、悪いを判定してどういう意味があるというのであろうか。

意味のある比較というのは、他者との比較ではなく、その個人を追跡することで初めてみえてくるものである。つまり、その個人の過去との比較である。この部分はできている、この部分はまだやや弱い、目覚しく伸びている分野もある。平均して同じ点数であったとしても、個々の学びのレベルは異なるのである。伸びた人、ダウンした人、伸び悩んでいる人などの違いを示し、伸びたところをより伸ばし、改善すべき点を発見し、新たな学びのモチベーションを形成していくことが、本来的な「比較」がもたらす利点であり、本来の意味での教育に繋がる「評価」（個人内評価）なのではないだろうか。

科目や教科の専門的知識をどれだけ暗記、習得したかということだけが問題なのではない。ある目標を示し、その目標に向かって自分がどれだけ成長しているのか、目標に近づいているのか、目標をクリアする段階に入っているのか、これらを自分自身が認識できること。これが、本来的な「評価」なのではないだろうか。自分の力を自分で点検でき、自分で学びの方向を考えることができる「評価」。これが結果的に社会でどう生きていくかに繋がるのである。大学が提供する教育プログラムは、正しい自己評価ができる力、自分を冷静に客観視できる力。これらを伸ばしていく力を養うものでなければならないのだ。

他人と比べるだけでは実力はつかない。なぜなら、自分の力を伸ばすことができて初めて実力が生まれるからである。

「大学生は勉強しない」のは嘘

大学生は勉強しないとよくいわれる。大学に合格すると学生は、途端に勉強しなくなるともいわれている。厳しい受験勉強から解放されて、燃え尽きてしまったのだろうか。あるいは入学できた解放感から、遊びに夢中で勉強どころではなくなったのだろうか。

「最近の調査によれば、高校生のほぼ半分はほとんどそれまで勉強しておらず大学進学者のみをとっても、ほとんど勉強していなかった学生は三割近くに達した。結果として学力よりも、それにいたる勉強の習慣自体を獲得していない学生が入学することになる」(『大学の教育力』金子元久　ちくま新書)

大学のユニバーサル化に伴い、もともと勉強する習慣を持たない学生の入学も影響しているという指摘は確かにある。スマホの影響なのか、大学生の五三％は一日の読書量がゼロという調査も話題になった（全国学生協同組合連合会　二〇一八年調べ）。

だが私はそうは思わない。確かに彼らは勉強しないかもしれない。読書量も少ないかもしれない。だが理由は簡単だ。それは大学でいくら勉強しても、いい成績を取っても、社会がそのことをほとんど評価してくれないからなのだ。もちろん、リスペクト（敬意を払うこと）もされないのである。

新聞や雑誌などで、企業のトップが自分の大学時代を振り返るような企画がある。『私の履歴書〜』のようなタイトルがつけられている。そこで彼らは何を語っているのか。私の知る限り、ほとんどはこんな調子である。

「大学ではまったく勉強なんかしなかった」「企業に入ったら、大学の勉強なんかぜんぜん役に立たなかった」「授業が退屈で、好きなことばかりしていた」

このようなことを企業経営者、企業関係者が語っている限り、学生は大学で勉強してもいいことがあるとは思わないだろう。一部の学生を除いて、大学で勉強しようとは思わないのだ。

大学に入るまでは勉強することは確かに意味があった。周囲からも褒められるし、偏差値の高い、人気のある難関大学に合格することもできた。だが、大学に入ってからの勉強は、社会も企業も認めてくれない。このような環境が続く限り、一部を除いて学生は、勉強などしようとは思わないのである。

企業も大学の成績をあまり問題にしないし、信頼もしていない。つまり、大学教育などアテにしていないのである。むしろ、自分の会社で再教育しようと考えているくらいだ。だがこれは、大学と社会との不幸な関係なのではないだろうか。

これほど大学での成績が評価されない国も珍しい。アメリカでは、大学の成績はしっかりと評価されるし、そこで作成したポートフォリオ(大学時代の学習記録)の中身も採用試験での重要なチェックポイントになる。しかし日本はほとんど関心を払ってもらえないのである。

一般に大学は、自分たち(大学側)が評価するのは好きだが、自分たちの大学が評価されるのは嫌いだ。だから双方向性が確立しにくいのである。だが、そんな呑気なことをいっていてもいいのだろうか。人材は社会の資源である。大学と企業の評価をめぐる認識の違いは、国家的な損失を招くといってもいいだろう。では、このような不幸な関係をどう打開するのか。この問題は、今後ますます重要性を増していくはずである。

企業の黒字倒産とこれからの大学の役割

中小企業の黒字倒産が増えている。とくに地方で顕著になっている。いま日本にある事業所は、少なく見積もって二六〇万社、多い見積もりでは四〇〇万社。中間を取ってざっと三〇〇万社としておく。新卒の採用は一〇〇万人程度。とくに地方の中小企業では採用が難しいのである。その結果、黒字倒産するケースも増えているのだ。経営者の高齢化と後継者不足が原因である。

経済産業省によると、ここ二〇年で中小企業の経営者の年齢分布が四七歳から六六歳へ高齢化。二〇二〇年には「団塊の世代」の引退期と重なり約数十万人の経営者が現役を退く。中小企業の競争力を生み出し、けん引しているのは、社長や創業者自身というところが多い。だが少子化の影響もあってか、後継ぎの目途が立たないのである。つまり廃業を余儀なくされてしまうのだ。このような〝罷業予備軍〟は、日本企業の三分の一にあたる一二七万社。しかもそれらの企業の半分は黒字経営なのである。このままいくと二五年頃までに六五〇万人の雇用とＧＤＰ（国内総生産）の二二兆円分の生産が失われると推定されている。

地方の中堅企業と地方大学の関係を見直す

地方大学は地域によって基礎づけられている。私は、地方の大学からイノベーションを起こすことができると考えている。この鍵を握っているのが「評価」と地域の教育資源を様々な授業の一部に組み込む「サービスラーニング（Service Learning）」、「インターンシップ（Internship）」である。インターンシップとは、学生に就業体験の機会を提供する制度のこと。実際に企業に赴かせ、一定の期間、職場を体験するものである。職業選択、あるいは適正の見極めに役立つ有効な経験である。

大企業はこのような授業の重要性に気づいてくれないだろう。なぜなら彼らは、放っておいても人材が集まってくるからだ。だが、地方の中小企業、中堅企業は切実だ。後継者は育たないし、新しい人材も集まってこない。だからこそ、地方の企業が求める人材を大学とともに育てていく必要が生まれるのである。そのためには「評価」を共有し、互いにより質の高い「評価」を模索していく必要がある。そして、地方企業が地方大学の成績を信頼してくれるようになると、これほど素晴らしいことはない。あるいはインターンシップを通じて大学と企業が一緒になって評価の仕方を模索する。このような環境を地道に作っていくことが大切だ。

「人材」は資源（リソース）なのである。企業と大学の人材を介したマッチング感覚。企業が何を求めているのかを知り、大学教育の評価とチューニングしていくことが何よりポイントになる。これに成功して初めて大企業に「評価」の重要性と必要性が伝播するのかもしれない。

いずれにしても現時点では、大企業を先に動かすのは無理である。だからこそ地方の大学はしっかりとしなければならない。私は「地方の大学、しっかりしろ」「地方の大学には可能性がある」と発信し続ける。地方大学の役割と可能性を信じて疑わないのである。

採用する企業と大学の評価観に大きなギャップがある。このことが問題なのだ。関西国際大学は評価のチューニングをするための課題解決型インターンシップを中堅企業とやろうとしている。このことについても、ページを改めて考察するつもりである（70ページ参照）。

リカレント教育の拠点としての大学の存在意義と学び直し

社会に出てからも学校などで学び直し、生涯にわたって学習を続ける〝生涯教育〟が提案されている。リカレント（recurrent）とは、反復・循環・回帰の意味。経済協力開発機構（ＯＥＣＤ）が提唱する生涯教育構想で、社会人が必要に応じて学校へ戻って再教育を受ける循環・反復型の教育体制のことである。

義務教育などが終わった後、生涯にわたって教育と他の諸活動（労働、余暇など）を交互に行う教育システム。スウェーデンやフランスの有給教育制度、アメリカ合衆国のコミュニティ・スクール、日本の夜間制社会人大学院、放送大学などがその例である。

私も文部科学省（以下、文科省）の中央教育審議会（以下、中教審）のワーキンググループで、リカレント教育の議論に参加している。研究はまだまだ途上だが、リカレント教育はこれからの日本の経済や産業を支える重要な役割を担う可能性は高い。これからはＡＩなどの発達により、知識や技術が急速に陳腐化される時代に入る。このような社会の変化に対応するためには、学び直し＝リカレント教育がより重要になるはずだ。従来のように学校を卒業し、社会に出て就職するという方向性（卒業↓社会・就職）から、社会ですでに働いているが、学校で再び学び直す（社会・就職↓大学・学び直し）、生涯にわたって教育機会を分散する仕組みでもある。大学における社会人への門戸開放も、リカレント教育の一環である。つまり、リカレント教育の拠点として、地方大学も含めた大学の存在意義が問われる時代を迎えているのである。

ここで問題になるのが、単位の考え方である。大学の学部教育は一二四単位、大学院の修士課程は三〇単位、短期大学は六二単位。いずれもハードルは高い。そこで私が注目しているのが、サーティフィケイト・プログラム。サーティフィケイト（Certificate）とは、特定の知識、技術獲得のプログラムを終了したことを証明する、文科省は履修証明プログラムと名づけている。こうした学びのパッケージを一〇単位、あるいは八単位というふうに小さい単位で蓄積し、修士号に必要な三〇単位の一部とすればいい。そして複数のサーティフィケイト・プログラムを終了するごとに得た、履修証明の単位を加算・累積し、学位取得に結果的に繋げられるようにする。

期間についても集中型で数週間の週末集中型〜三か月のサーティフィケイト・プログラムと、様々なタイプを設定してはどうだろうか。二年、三年とまとまった時間を取ることが難しい社会人には有効なのではないだろうか。制度設計を検討してみる価値は十分にあると思うのだがどうだろう。

学び直しができない三つの理由

社会人がなかなか学び直しをできない理由は大きく三つある。それは、時間と場所、カネ、そして内容・方法である。費用については、これからは雇い主や国や地方公共団体が負担する方向で考えていくべきである。今後は、地方自治体が支弁するケースも増えていくであろう。雇い主(企業)が負担する場合は、法人税を減免したり、学習者が負担する場合は税額控除(減税)を講ずる必要があるだろう。学ぶのは自分の未来への投資。自己負担はあたり前という考え方は、もう古いし、通用しない。学習者というのは企業にとって、また地方自治体にとってのリソース(資源)である。だから、企業や自治体が資金提供する。そんな時代が間近に迫っているのである。

現に、看護師や介護福祉士のような国家資格のある専門職については、将来の雇い主が学生の学費を貸与し、卒業後一定期間勤続すれば返済免除になるという貸与奨学生の制度が成立し、利用されているケースは決して珍しくない。若年労働者の確保が難しい中小企業や地方立地企業にとっては、実質は給付制に近い貸与制奨学金を、新卒の確保だけでなく、スキルアップを望む現在の雇用者に対しても拡大して適用していく時代は、望ましい状況といえるだろう。

実務家教員とFDの必要性

私が大学院を出て、大学の設立に動き出した頃だった。ある優秀な営業マンが真顔でこう尋ねるのだ。「先生はどこで大学の教員免許を取得されたのですか」と。その営業マンは大学を出ているわけだが、そんな彼でも、大学の教員の免許というものが存在すると思い込んでいたのである。

実は教員の免許を必ずしも持っていないのが大学の教員なのだ。小中高の先生は、みんな教員免許を持っている。教員になるための教育実習も受けている。だから小中高の先生は、先輩から教育の方法、授業での具体的な教え方など、みっちりと指導を受けている。だが、大学の教員はそうではない。大学院を卒業して研究者になり、そのまま大学の教壇に立っているのである。

つまり、教壇に立つ前に教え方のトレーニングを受けていないのだ。余談だが、小学校の先生は、ほとんど自分一人で全部の授業を教えている。だからある科目で教えた内容と他の科目との繋がりや関連を考えて、バランスの取れた教育ができるのである。日本の小学校の教育はとてもうまくいっていると評価されている。だが、これが中学、高校と進むにつれ教科担当制になり、一週間の授業が細切れになっていく。そうすると途端にガタついてしまうのだ。なぜなら教科担当教員は、自分の担当科目だけを教えていれば、それでことは済み、他の教科との繋がりを考えなくなるからである。教科が細分化されることで、教育全体のバランスや繋がりが軽視されてしまうのである。

一方で文部科学省は実務家教員を、一定程度以上の割合で教員の中に含める方向性を打ち出している。実務家教員とは、特定分野で高い実績を残してきた専門家のこと。ロースクールであれば、弁護士、裁判官、検察官といった経験豊かな法曹三者を、ビジネススクールなら金融機関や商社などのマネージャークラスを招聘する。政策系の大学なら、官庁や自治体の経験者などである。最近ではジャーナリストや元プロスポーツ選手や俳優なども実務家教員として採用されている。

実務の第一線で活躍した人たちの経験知を学ぶことは必要だ。机上の理論ではなく実践的な技術や知識は貴重でもある。だが、私が危惧するのは、彼らは教え方や〝メタ化〟の方法を知らないことが多いということである。自らの体験や経験を重視するあまり、より高次の視点や客観性を持つことが苦手なのではないかということである。「知っていること」と「教えることができる」ことは別なのである。もし両者が同じなら大学の教員にとってＦＤ（Faculty development＝ファカルティ・デベロップメント）を義務化する必要はなかったはずだ。ＦＤとは、大学教員の教育能力を高めるための実践的な取り組みを意味する概念。ファカルティは大学の学部などの教員組織や教員集団を指す。デベロップメントは能力開発の意味である。

実務家教員は経験五年以上が条件である。だが分野にもよるが、五年程度の経験で人に教えられるようになるのだろうか。同様に、彼らは人に教えるのが格別に上手いかというとそうとは限らない。そんな状態で彼らは、経験をメタレベルで教えることができるだろうか。私にはどうしてもそうは思えないのだ。それが難しいからＦＤを義務化したわけなのだから。確かに実務家教員の技術や知識のレベルは高いかもしれない。だが、職場の傾向や実感を、ただただ職場の延長で延々と話し続けるような講義をされても新しいものは生まれてこないのである。

研究ができる、あるいは自分で論文は書けるけれども、学生に教えるのが下手だからＦＤをやろうということだった。それ（ＦＤ）をやらずに、さらに実務家教員を加えようというのは、極めて一元的な物の考え方であり、乱暴なやり方である。これでは学生本位の、学生に伝わるいい教育は実現できない。

実務家教員の中には、たとえ無給でもいいから大学の教壇に立ちたいという人が少なからずいる。それは自分の経験を若者に伝えたいという思いからの場合もあるだろうし、名誉職として、あるいは名刺の肩書として利用したいと考えている人もいるかもしれない。大学の教員は、希望する人たちにとっていわば憧れの、一種のステータスなのであろう。だがこの制度には、質を悪化させる危険性が潜んでいないとはいえないのである。

最後につけ加えるならば、社会人が学びたい・必要だと思える教育内容を適切に提供することである。社会人学生の現場感覚を活かすケースメソッドなどの教育方法を取り入れることも忘れてはならないだろう。

能力とスキルの違いについて

能力とスキルの違いについて考えてみたい。

自転車が乗れるようになるのは、能力ではなくスキルである。練習を続ければ、やがて乗れるようになる。鉄棒の逆上がりもそうだ。ちょっとしたコツをつかめば、ある日突然できるようになる。もちろんそのコツは、練習の中で生まれたものだが、それをつかむことによって、だいたいみんなできるようになる。

ただし、同じ自転車や鉄棒でも、世界的に有名な自転車競技ツール・ド・フランスで活躍したり、オリンピックの体操・鉄棒競技でメダルを争うような場合は別だ。これには努力と同時に才能がいるだろう。そして、並外れた高い運動能力も求められるだろう。

能力や資質などという言葉が乱発されている。だが、よく考えてみると、その多くはスキルの領域に入るものが多い。例えば、コミュニケーション能力は、コミュニケーションスキルである。幅広く利用できる能力＝汎用的能力もスキルである。いわゆるジェネリック・スキルである。

コミュニケーション能力は、情報の収集と発信、意見の違う人との調整の三つで構成されている。コミュニケーション能力はスキルである。だからいったん身についたら、後は経験を重ねることで伸びていく。人前で話をするのもスキルである。場数を踏むほどに、原稿なしで喋ることもできるようになる。例えば、一五分で話すようにと条件がつけられる場合も、時計をみながら話をまとめることができるだろう。また、聴衆の反応に合わせて話を展開したり、話に抑揚をつけたり、効果的にフェードアウトしたり……。ウケるところに、話の盛り上がりを持って行くこともできる。同時に話やストーリーの軌道修正も無理なくできるようになるのである。

スキルは身につくと使いこなすことができる。自転車が乗れるようになるのは、運動能力が高くなったからではない。誰でも練習すれば習得は可能なのである。これがスキルである。

そしてスキルのもう一つの特徴は、人に転移することができること。つまり、自分が自転車に乗れるようになると、乗れない人をサポートし、乗れるようにしてあげることもできるのである。トランスファーラブル・スキル。スキルを「移す」ことも可能になるのである。

能力には序列ができる。高い人にはかなわない側面がある。だが、スキルだと取得さえすれば誰でもできるようになるのだ。能力や資質という言葉の乱発は、可能性の幅を狭める危険性がある。スキルに置き換えられる領域は、意外と広々としているように思うのだが、どうだろう。

第1章　私たちはどのような教育の未来を目指しているのか

学修成果と三つのポリシー——大学教育は何を育成するのか

1　三つのポリシー（AP・CP・DP）をどう実質化するか——ガイドライン策定を受けて

三つのポリシーは、現在はもちろん、これからの大学教育を語る上で欠かせない概念である。一般の方にはなじみの薄い言葉だが、最初に簡単に意味を紹介しておきたい。

ディプロマ・ポリシー（DP =Diploma Policy）は、大学における学位授与の方針のこと。その大学が、入学してきた学生に対し、卒業までに身につけておいてほしい能力を設定したもの。卒業認定、学位授与を決める際の基準になるものである。

カリキュラム・ポリシー（CP=Curriculum Policy）は、教育目標やディプロマ・ポリシーなどを達成するために必要な教育課程の編成や、授業科目の内容および教育方法などについての基本的な考え方を示したものである。

アドミッション・ポリシー（AP=Admission Policy）は、大学の入学者の受け入れ方針。自校の特色や教育理念などに基づき、入学者にどのような学生像を求めるのかをまとめたものである。

ちなみにディプロマ・ポリシーと後に説明するアセスメント・ポリシー（学修成果の評価の方針）は、私が提案した造語である。だから、欧米の研究者には通用しない。ディプロマ・ポリシーはラーニング・アウトカム、アセスメント・ポリシーはアセスメント・プランという。なぜこのような造語を用いたのか。実は私が中教審に加わった時にはすでにアドミッション・ポリシーという用語が使われていたのである。

この三つの概念は重要である。そのため一つのセットとして「ポリシー」がついた用語に統一したほうが一般に浸透しやすいのではないかと考えたからだ。そしてこの私の提案が受け入れられたのである。造語を使用するには抵抗があった。だが、理解のしやすさ、よりよく浸透することを期待して、使用に踏み切った。ご理解頂ければ幸いである。

三つのポリシーを駆動させるＰＤＣＡサイクル

三つのポリシーを実質化するための手法として、ＰＤＣＡサイクル（PDCA cycle、plan-do-check-act cycle）がある。これはPlan（計画）→Do（実行）→Check（評価）→Act（改善）の四段階を繰り返すことによって、業務を継続的に改善することを目的にしている。この手法は、実験の実施による実証を重んじた経験主義の科学的手法に起源を持っている。では、三つのポリシー（ＡＰ・ＣＰ・ＤＰ）をどう実質化するか。中教審のガイドラインに照らして検証してみよう。

中教審の審議まとめ（二〇一六年）では、「卒業認定・学位授与の方針（ディプロマ・ポリシー、以下ＤＰ）」、「教育課程編成・実施の方針（カリキュラム・ポリシー、以下ＣＰ）」、「入学者受け入れの方針（アドミッション・ポリシー、以下ＡＰ）の三つのポリシーを、「一貫性あるものとして策定し、公表する」ことが学校教育法施行規則の改正により、すべての大学（短期大学・高等専門学校もこれに準じる）に義務づけられた。併せて、これらの「策定及び運用に関するガイドライン」が中教審大学分科会によって作成されたのである。

ここでは、一、この制度改正の背景を理解し、二、どのような流れで三つのポリシーを策定していけばいいのか、三、三つのポリシーをベースにして、どのように改革を実質化していけばいいのか、といったことについて述べてみたい。

制度改正の背景

三つのポリシーの義務化については、「よく分からない」という声を耳にすることが多い。なぜなのだろうか。混乱する要素を整理してみよう。

1．これまでも三つのポリシーについての議論や中教審答申があった。だが、以前の答申との繋がりをどう理解すればいいのかがやや不明瞭だったのだ。また「質的転換答申」でのアセスメント・ポリシーの扱いも不明確だったのである。

2．公表されていたロードマップをみても、PDCAサイクルと三つのポリシーの関係が整合されていないように感じられる。

3．具体的にこれまで作成してきた三つのポリシーの何をどのように変えなければならないのか、といったことも不明なのである。

三つのポリシーを重視している大学

では、三つのポリシーを策定している国内の大学を確認しておこう。

三つのポリシーは、「我が国の高等教育の将来像（答申）」（二〇〇五年一月二八日中央教育審議会）で初めて登場した概念である。この段階では入試の多様化の議論が進み、三つのポリシーの中でも、特に大学入学者の受け入れ方の方針であるAPの作成に重点が置かれていた。

「学士課程教育の構築に向けて（答申）」（〇八年一二月二四日中央教育審議会）では、三つのポリシーの明確化が強調されていた。大学や学位の水準の国際的通用性が失われることへの強い懸念が背景にあったからである。そして、大学の自主的な改革を促進するために、大学の責任において三つの方針を明確化することが有効であるという結論に至ったのである。

答申のタイトルに「学士課程教育」という用語が用いられている。これは学位を与える課程（プログラム）として「学士課程教育」というコンセプトを強調したからである。そして、学位を与えるユニット（通常は学部・学科単位）でポリシーを作成することを求めたのである。

答申の内容は、卒業にあたってのDPを具体化・明確化し、積極的に〝公開〟することを求め、参考指針として「学士力」を公表した。（「学士力」とは、大学の学士課程の中で身につけるべき能力のこと。中教審が提言した考え方で、これは最近低下しているといわれてる大学教育の質を保証しようという狙いがある）

また、CPについては、順次性や体系性のある教育課程を編成する必要性を説いている。そして、分野別参照基準の作成を日本学術会議に求めたのである。APについては、入試方法の過度な多様化に警鐘を鳴らし、その明確化を求めるとともに、初年次教育や高大連携の必要性を強調している。

学士課程答申で求めた三つのポリシーの作成は、形式的にはある程度は進んできたようにもみえる。次に出された質的転換答申（一二年）では、『「プログラムとしての学士課程教育」という概念の未定着」を掲げ、「教育課程の編成が学科等の細分化された組織で行われている」ことを問題視している。そして「明確な教育目標の設定とそれに基づく体系的な教育課程の構築」という教学マネジメントの方向性が示されている。この答申では三つのポリシーのうち、用語として登場するのはＤＰのみであった。このことも前後の繋がりが不明確で、全体を分かりにくいものにした要因かもしれない。

ＣＰという用語を用いずに「その方針（ＤＰ）に従ったプログラム全体の中で個々の授業科目は能力育成のどの部分を担うのかを担当教員が認識し、他の授業科目と連携し関連し合いながら組織的に教育を展開すること」が盛り込まれていたが、分かりにくさは解決しないままだったように思われる。

この答申で特徴的だったのは、学修成果を「プログラム共通の考え方や尺度（アセスメント・ポリシー）に則って評価」するという「アセスメント・ポリシー」という方針が初めて登場したことである。学修成果の評価については、学修行動調査、アセスメント・テスト、ルーブリック（評価項目とレベルで学習到達度を示したもの）、学修ポートフォリオ（学修記録）などの具体的方法が示された。そして、どのような測定手法を用いるかを明らかにすることを大学に求めたのである。

つまり答申は、三つのポリシーの作成から一歩進め、測定と評価を求めたことになる。しかし、答申が出されただけで、すぐに大学教育が変化することはない。それはアセスメント・ポリシーを作成している私立大学が六・九％に過ぎないことをみても納得できるだろう（日本私立学校振興・共済事業団「学校法人の経営改善方策に関するアンケート」報告大学・短期大学法人編二〇一三・一四年調査)。

高大接続答申(一四年)では、三つのポリシーの一体的な作成を法令上に位置づけることがはっきり明記されている。さらに、「大学全体としての共通の評価方針(アセスメント・ポリシー)を確立したうえで、学生の学修履歴の記録や自己評価のためのシステムの開発、アセスメント・テストや学修行動調査等の具体的な学修成果の把握・評価方法の開発・実践、これらに基づく厳格な成績評価や卒業認定等を進めることが重要である」とも記されている。

だが、三つのポリシーとアセスメント・ポリシーの両方が記載されているものの「法令上の位置づけ」についての扱いが違うのである。このことからアセスメント・ポリシーは単なる努力目標として位置づけられた。

三つのポリシーの義務化は、産業界、あるいは政界も含め社会からの大学教育に対する批判が相次いでいたことも背景となっている。単なる〝努力目標〟で終わってしまっては、大学教育改革は進まない。

前述のように、三つのポリシーは形式的には少なくとも学部単位では整備されたようである。しかし、審議のまとめには、三つのポリシーについては「抽象的で形式的な記述にとどまるもの、相互の関連性が意識されていないものが多い」と現状を評価している。ともあれ、三つのポリシーを作成しただけでは不十分という認識からの「法令上の位置づけ」である。大学は自らの力で改革することを強く求められているのである。また、この方針を求めた高大接続答申をみても、アセスメント・ポリシーが必要とされなくなったわけではないことは留意されなければならない。

何をどのように作成すればいいのか

図1―1は、中教審大学分科会大学教育部会の最終会議時点でのロードマップである。PDCAサイクルの各段階に三つのポリシーが組み込まれ、Doの段階から矢印が出されている。そして個々の授業でも教員が授業についてのPDCAを行うという説明が付されている。

三つのポリシーにアセスメント・ポリシーを加えて説明すれば、Plan（DP）- Do（CP）- Check（アセスメント・ポリシー）と教育活動の流れに沿った説明ができると私は同部会での審議の際に再三発言した。だが、アセスメント・ポリシーを同列に並べてもらうことはできなかった。その結果、どのようにしてDPに掲げた目標が達成できているのかというマクロな評価と、学生個人の学修活動をどのように成績づけするかというミクロな評価については、いずれもCPの中で明らかにするということになったのである。

「教育課程の編成・実施の方針」の中に、高大接続答申で定めることになっていたアセスメント・ポリシーの内容が盛り込まれているのである。**図1―2**は私が、三つのポリシーとアセスメント・ポリシーの関係を整理し直したものである。

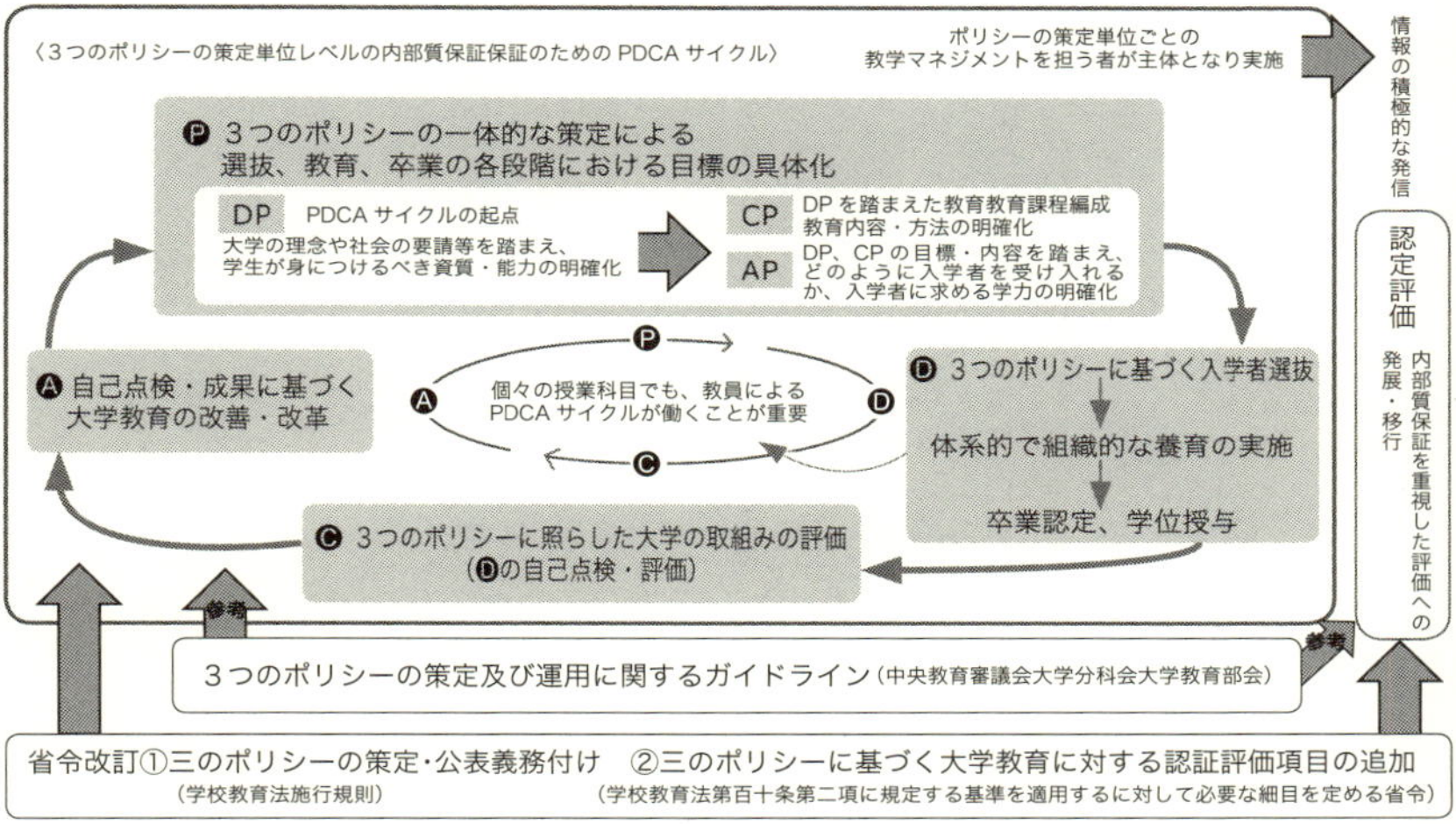

図1－1　3つのポリシーに基づく大学教育改革の実現（イメージ）

(「中央教育審議会大学分科会大学教育部会(第43回)」資料1-1より　「卒業認定・学位授与の方針」(ディプロマ・ポリシー)，「教育課程編成・実施の方針」(カリキュラム・ポリシー)及び「入学者受入れの方針」(アドミッション・ポリシー)の策定及び運用に関するガイドライン(案))

最初にまずDPを決める

三つのポリシーのうち最初に作成しなければならないのは、DP(ディプロマ・ポリシー)である。なぜなら目標を定めなければ、内容も方法も、評価の在り方も決めようがないからだ。DPの策定は各大学に任されている。建学の精神を始め各大学の教育理念、それに加え、学士力、社会人基礎力、コンピテンシー(成果を生む望ましい行動特性)など、近年の能力観に関わる資料を参考にするといいだろう。

また、個々の大学の方針を前提にしつつも、作成単位が学位プログラム(もしくはそれに代わる組織単位)であることを

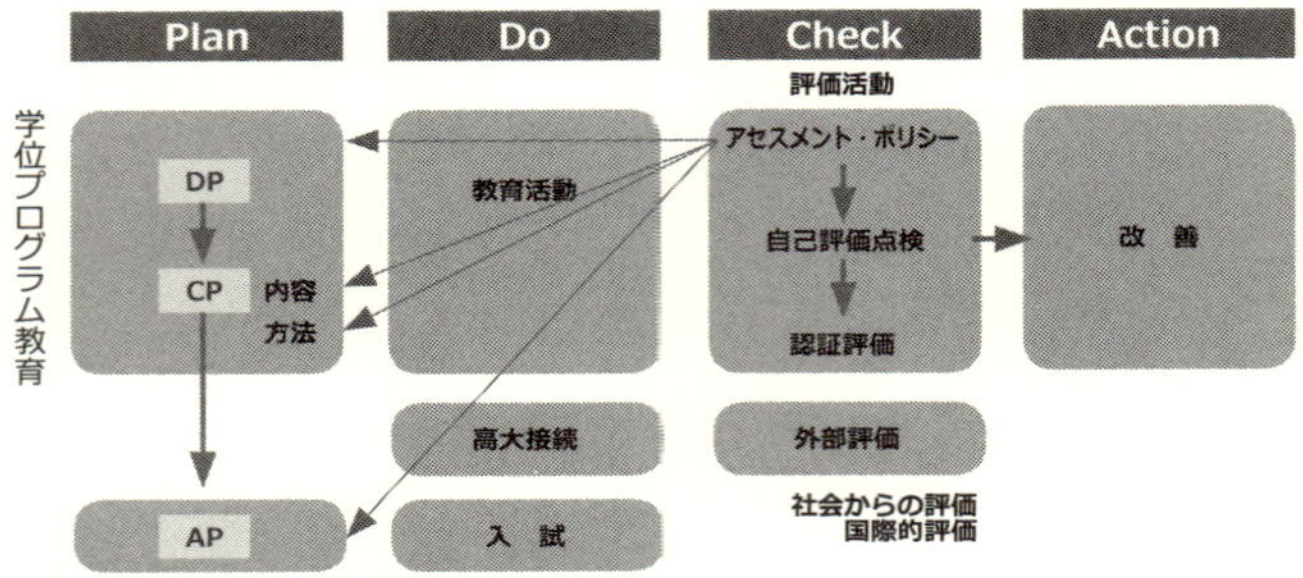

図1－2　3つのポリシーの考え方とPDCAサイクルのイメージ

（リクルート　カレッジマネジメント vol.198　2016年　濱名篤寄稿「三つのポリシー（AP・CP・DP）をどう実現化するか―ガイドライン策定を受けてより）

前提に考えれば、すべての専門分野のものは揃っていないが、日本学術振興会の分野別参照基準を参考にすることも有効である。

策定にあたっての留意事項としては、測定・検証に耐えられる内容や表現になっていること。英語で言えば「Can - Do」型の表現を取り入れるのが良いだろう。

これらの目標の実現のために、どのような教育内容や教育方法を組織的に用いるのかを明記するのがCP（カリキュラム・ポリシー）である。これら二つの方針の教育を受けるために必要な条件（入学までに身につけておくべきこと、前述のDPやCPに基づく学位プログラム教育を受ける力があるかどうかをどのような方法で確認するか）を明確にするのがAP（アドミッション・ポリシー）となる。ここまでが「Plan」の段階である。

書き方は、読み手として大学関係者だけでなく、高校教員、保護者、受験生といったステークホルダーにも理解しやすい文章表現であること。箇条書きも交えて理解しやすい、そして評価・検証しやすい書き方になっていることが求められる。これらのPlanに基づいて大学での教育活動が展開され、入試が行われ、両者の間で高大接続が図られるのが「Do」である。これらのPlan通り（DPやCPに基づき）教育活動が行われているのかどうか、目標に沿った学修成果があがっているかなどを確認するのが「Check」である。

この際の基本方針がアセスメント・ポリシーで、いつ（When）、どのような尺度で（What）、なぜ（Why）、誰が（Who）、誰を対象に（Whom）、どのように（How）といった評価を行う。そして、これらの評価活動を集積して自己評価・点検が行われ、その自己点検が妥当かどうかを認証評価するのである。こういった一連のプロセスが評価活動のフローとなる。

これらの評価活動の結果を受けつつ、さらに社会からの外部評価や国際評価がプラスされることも考えられる。これらのCheck（評価活動）を受けた結果、Action（改善策）が生まれるというのがPDCAと三つのポリシーの関係であると私は考えている。Checkのための評価の対象には、DPも、CPの教育内容も、教育方法も、さらにはAPも含まれるのである。

ところが今回の制度化では、前述のようにアセスメント・ポリシーが法制化の対象にはならなかったのである。そのためにCheck段階の「評価」についての規定はCPの中に押し込まざるを得なくなってしまった。結果として、CPの内容が教育内容、教育方法、評価の三つの内容を含むことになったのである。つまり、異なる要素が混在した、大雑把で曖昧な概念になっているのである。

教育内容には、教育課程の基本的な考え方、教育内容の特徴などが盛り込まれることが想定される。教育方法には、アクティブ・ラーニング（能動的学修）やPBL（課題解決型学習）などの特色ある教育方法を具体的にどの程度どのように取り入れるのか、実習やインターンシップについての方針なども盛り込まれるだろう。

次に、評価に盛り込まれるべき内容である。評価の主たる対象は、DPが実際に達成されているかどうかにかかっている。つまり、大学自身が学位プログラムごとに定めた目標である。卒業および学位授与の要件と位置づけた学修成果をあげられているかどうかが最も重要な（マクロな）評価となると考えられる。学生の卒業や成績評価の在り方、形成的評価や総括的評価も含めた（ミクロな）評価も大切である。同時にCPに記載された教育内容や教育方法がどの程度実際に活用されているかも評価の対象になっていくことだろう。

アセスメント・ポリシーという用語を用いずに、目標、内容、方法について、前述の質的転換答申であげられた方法を多元的に組み合せて評価をしていくことになっている。

APについては、DPやCPに定めた教育に耐えられる条件を明確にするためのもの、という位置づけがなされている。抽象的な表現にとどまらず、高校側が理解しやすいように「学力の三要素（知識、態度、意欲）」を意識した表現を用いるように提案している。そして、入学までに身につけてきてほしい能力、その他学生に求めることをできるだけ具体的に示した上で、多様な学生を評価し得るAPに合った選抜方法を選ぶことを求めている。高大接続システム改革会議での方向性や見通しが立ちにくい状況下で、新たな選抜方法を考案するといった必要性も考えなければならないかもしれない。APについては、DPやCPを考えた後に取り組むのが順番だが、入試要項などを前年六月には公表しなければならないことを考えれば、まさに一体的に作成する必要がある。この難しさはひとしおである。

何をどのように実質化すればいいのか

ではどのように改正を実質化していくのか。

上記のような状況の中、私の大学ではすでに三つのポリシーの見直しを行い、新ポリシーの公表も終えている。作成にあたっては、当初は大人数のプロジェクトチームでスタートしたが、中間報告でチームを解散し、学位プログラムの責任者である学部長・学科長にDPとCPの原案作成を任せ、学長と直接やりとりをして作り上げてきた。

メールでのやりとりは全学部長・学科長にも同報で配信し、良いところやポイントを理解しやすいようにした。一貫性と整合性のあるポリシーを創る上で、会議で原案を作成するより有効な方式であったと感じているが、学部長や学科長の協力や貢献があったからこそできたと思っている。

作成した原案は、執行部会議、学科会議、教授会、全学協議会などの所定の学内手続きで決定したが、併せて実施した全学ＦＤの学科別アワーにおいて相互理解を図った。そこで学科内での役割分担を確認し、個別科目のシラバス（学生に示す講義・授業の授業計画）を作成していくといった流れで実行されたのである。その結果、それぞれの学科の事業計画には新たなポリシーを組み入れた取り組みが盛り込まれている。だが今後は、年間三回計五日間のＦＤの際に、状況のモニタリングを行って、年度末の事業計画の振り返りや自己点検・評価などでのフォローアップを行い、ＰＤＣＡサイクルを回していきたいと考えている。

改正の実質化には、一、ポリシーが検証・測定可能で誰もが 共有できるポリシーを作ること、二、作成されたポリシーが教育組織内で共有され、役割分担されること、三、年間を通じ、さらには中期的に進行状況が確認され、その結果自体を再度共有し改善策を示すことなどが必要になるのではないだろうか。いずれにしても三つのポリシー（ＡＰ・ＣＰ・ＤＰ）の実質化は、大学教育改革の重要な位置を占めることに変わりはないのである。

2　アセスメント・ポリシー——評価についての混乱

日本語の「評価」に相当する英語には、「アセスメント（assessment）」と「エバリュエーション

(evaluation)」という二つの単語があり、この二つは使い分けられている。前者は「測定」するという意味で用いられ、後者は測定した結果を有効・有用と判断するか、そうでないと判断するかという意味で使用される。アセスメントはエバリュエーションのために必要なものであり、評価を妥当で信頼性のある方法で行うことが必要条件である。だが、日本ではこの二つの言葉の意味が整理されないまま使われているケースも見受けられる。

評価についてのもう一つの混乱は、評価の対象と評価者についての整理ができていないことに起因する。一、何を評価対象にするのか、二、誰が評価主体なのか、ということの組み合わせで、評価材料や評価方法は大きく違ってくる。こうした混乱を回避するために評価の位相の整理が行われた(中教審答申)。

第一の評価主体の整理は、評価主体が教員組織なのか、大学なのか、評価機関なのかということである。

第二に評価対象の整理である。評価対象が学生(個人の成長)なのか、授業の科目なのか、学位プログラム(一二四単位を基本単位とした学部・学科の教育)なのか、その大学(の教育全体)なのかを区別することである。それらによって評価は異なったものになり、アセスメントの材料や方法も変わってくる。

例えば、教員組織が評価主体となって、学生を評価するのが授業でのテスト、成績評価であるが、授業科目が評価対象なら、達成すべき学修成果に整合した教育活動の実施状況を、授業評価、ティーチング・ポートフォリオ、シラバス・チェックなどを活用して評価することを指す。教員組織がプログラム（課程）を評価対象とするのならば、前述の教育活動の実施状況に加え、学生の学修状況や到達度の状況、学位授与の状況、進学・就職状況までを加えて評価しなければならないであろう。

アセスメント・ポリシーとは

前項でも触れたが、アセスメント・ポリシーとは、「学生の学修成果の評価（アセスメント）について、その目的、達成すべき質的水準および具体的実施方法などについて定めた学内の方針」のことである。英国では、高等教育評価機構（QAA = Quality Assurance Agency of Higher Education）が中心となって質保証に関する規範（UK=Quality Code for Higher Education）を策定し、各大学が満たすべきアセスメントの質的基準や手法について規定しており、各大学ではこれを踏まえて学内の方針を定めている。しかし、日本のアセスメント・ポリシーには、QAA のように共通の基準が存在するわけではなく、各大学が自らのアセスメントについての基準や測定方法を組織的に明示することが求められている。

答申では、学位授与の方針に従ったプログラム全体の中で、個々の授業科目が能力養成のどの部分を担うのかを担当教員が認識し、他の授業科目と連携し関連し合いながら組織的に教育を展開することがまず求められている。次にその成果を、プログラム共通の考え方や尺度（アセスメント・ポリシー）に則って評価し、その結果をプログラムの改善・進化に繋げることである。つまり、このような一連の改革のサイクルの定着が求められている。各大学が最も明らかにすべきものとしては、目標とする学修成果が実際にあがっているのかどうかであるが、それは多元的で複眼的に評価されるべきものである。

そのためには学長を中心とする執行部のチームが、プログラム共通の考え方やアセスメント・ポリシーに則った成果の評価を行うこと。そしてその結果を踏まえたプログラムの改善・進化という一連の改革を機能させるために、全学的な教学マネジメントの確立を図ることが求められている。

アセスメントへの関心の転機

我が国の高等教育で、アセスメントが注目されるようになった背景には、世界の先進諸国における高等教育の質保証に対する関心の高まりがある。「学士課程教育の構築に向けて」（以下、「学士力答申」〇八年）が出されたことで、アセスメントは大学関係者の重大な関心事になった。ここで、「学修（習）成果＝ラーニング・アウトカム＝Learning Outcome」という概念が登場する。学生がどのような力を身につけたのか、それを証明することが求められるようになったのである。

学士力答申では、学生が習得すべき学修成果を明確化することにより、「何を教えるか」より「何ができるようになったのか」に力点を置くべきであると指摘している。一方、教育課程の体系化について「学修成果や教育研究上の目的を明確化」することも大学に求めたのだが、具体的なアセスメントの方法については論及していなかったのである。

成績評価については、成績評価基準、ＧＰＡ（成績評価値）、学生に自らの学修成果の達成状況について整理・点検を求め、学修ポートフォリオ（総合的な学習の評価方法）の導入・活用を提案しつつ、「各大学の実情に応じ、在学中の学修成果を証明する機会を設け、その集大成を評価する取組を進める」ことへの期待が記されている。

いくつかの例をみると、卒業論文、ゼミ論文などの導入・改善や卒業認定試験の実施があげられている。おおむね卒業時に焦点があてられているように受け取られる。

しかしアセスメントは、卒業時のエバリュエーション（評価の有効性・妥当性）のためだけに行われるのではない。周知のように、最終的な成果の評価は総括的評価である。これに対し、中途段階でアセスメントを行い、学生に進捗段階でできていることとできていないことを示し、最終的な成果をよりよく改善することはもちろん重要である。このような評価を形成的評価と呼んでいる。

かつて日本の大学教育では定期試験の〝一発勝負〟という総括的評価一本のアセスメントが珍しくなかった。だが、これからのアセスメントは、形成的評価を活用することが求められている。そのためには、アセスメント結果を学生に返却し、フィードバックすることが重要になってくるのである。

日本の大学はどのようにアセスメントを行っているのか

日本の大学のアセスメントの実際はどうなっているのだろう。

日本私立大学協会附置私学高等教育研究所（私高研）の学科長七七三人に対する調査（「学士課程教育の改革状況と現状認識に関する調査」二〇一一年八月）では、期待されている学修成果をシラバスに記載しているという回答は八〇・八％に達する。アセスメントの前提である到達目標を学生に示している大学も、ある程度の割合で存在しているようだ。

ところが、採点したテストの答案やレポートの返却ということになると、「全授業で行っている」と答えた学科長は二・一％、「大部分の授業で行っている」が一一・七％、「半分くらいの授業で行っている」も一七・一％に過ぎず、七割の大学ではほとんど返却していないと回答している。これでは学生は、なぜこの科目で「優」であったのか、あるいは、低い評価を示されても、どこが不十分であったのかが分からない。評価の内容が示されていないからである。

成績評価について、組織的に調整や申し合わせを行っている大学も残念ながら少数である。担当者が異なる同一科目では「共通の試験問題を利用」（三四・三％）ということは行われているものの、「成績分布についての申し合わせ」（二二・四％）や「多元的な成績評価の遵守についての申し合わせ」（二五・五％）のように、成績評価についての申し合わせは二割強。試験の客観化に向けての「学内で独自に開発した客観テストの利用」（七・八％）や「試験問題の妥当性の相互チェック」（一一・四％）は一割程度で実施されているに過ぎない（**図1―3**）。

「学生による授業評価において、学修成果の獲得状況の確認」（六九・九％）、「在学生調査や卒業生調査において、学修成果の獲得状況の確認」（四五・七％）といった、学生の主観的回答に基づいての学修成果の把握を行っているケースは比較的多いものの、「学修成果の記録（学修ポートフォリオ）を学生に作成させている」のは一三・七％に過ぎない。社会からの要求されている〝学修成果の可視化〟には、現状はほど遠いといわざるを得ないのではないだろうか。

アセスメントの根拠と尺度

アセスメントの根拠には、次のものが考えられる。

1. 説明すべきものの適切性
2. 第三者による検証可能性
3. 機関、プログラムなど評価対象への代表性

アセスメントを行うには、この三つの条件が満たされていることが不可欠である。直接的な根拠である試験やテスト、卒業時の卒業研究・卒業論文、専門家によるパフォーマンス評価や実務におけるパフォーマンス、教科科目における課題の結果サンプル。また、間接的な根拠である学修ポー

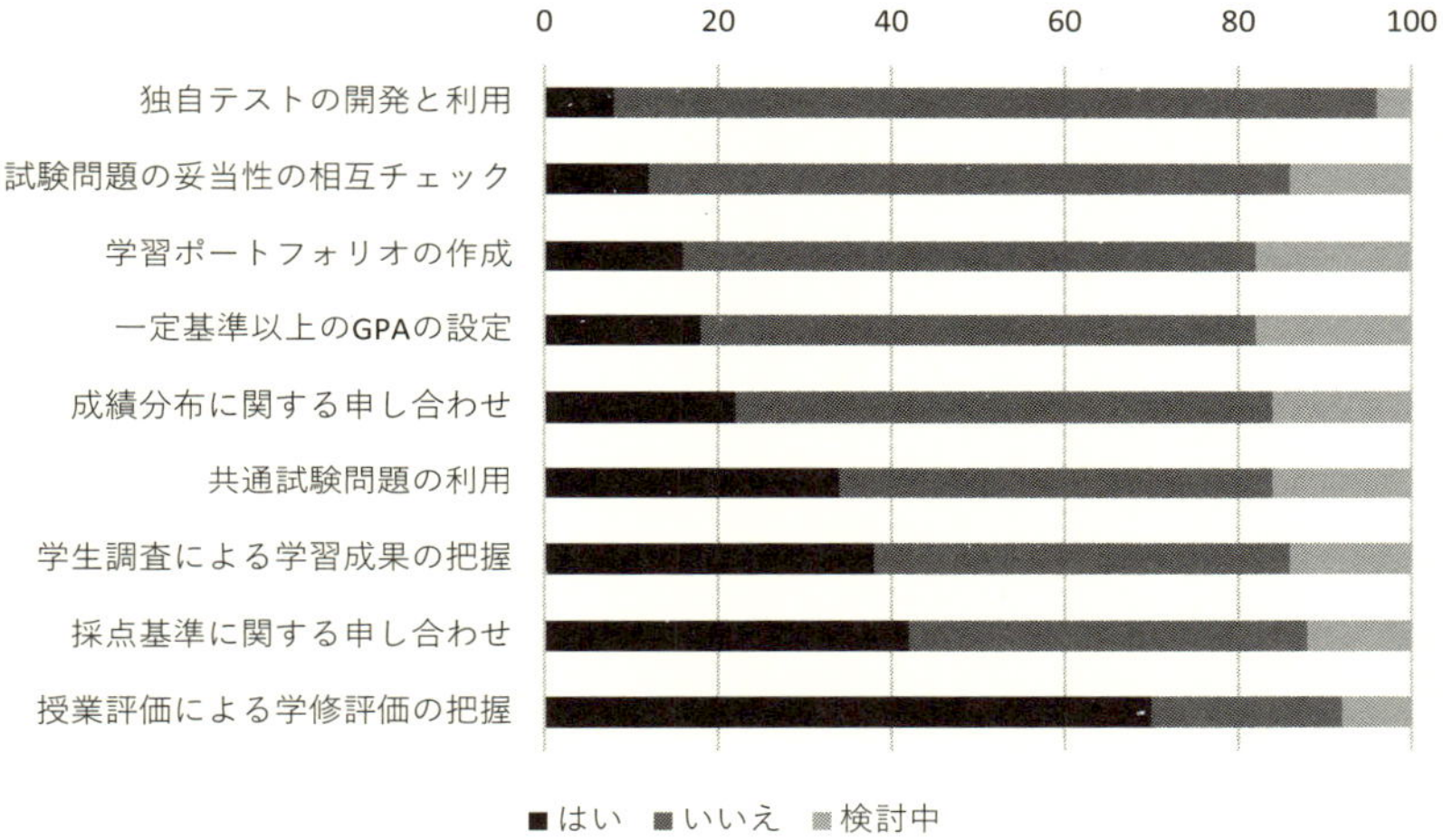

図１－３　学習成果の把握・評価の実施状況

（私学高等教育研究所　「学士課程教育の改革状況と現状認識に関する調査」中間報告書（2010 年 8 月）　https://www.shidaikyo.or.jp/riihe/result/pdf/2010_p04.pdf）

トフォリオ、卒業生、雇用者の評価、卒業時の卒業生の自己評価、学修行動調査など、直接的、間接的な根拠を組み合わせて、包括的かつ多面的なアセスメントを行うことが必要である。

　日本におけるアセスメントは、従来から、テストの点数、GPA、取得単位数、さらには偏差値のように、定量化しやすいものが信頼され重宝されてきた。だが、こうしたアセスメント方法だけでは不十分である。

　定性的な方法としては、アセスメントの観点・基準のマトリックスを作成して可視化する「ルーブリック」が有効である。アメリカでは、大学団体AAC&U (Association of American Colleges and

Universities）が二一世紀の教養教育の在り方と内容をまとめたＬＥＡＰ（Liberal Education and America's Promise）を作成した際に、それらの学修成果を評価する基準の作成方法として多くの大学の教育内容を調査してまとめた「ＶＡＬＵＥ（Valid Assessment of Learning in Undergraduate Education）ルーブリック」が広く使われている。

目標の項目ごとに、アセスメントの観点・尺度の表をあらかじめ公表し、学生が何を、どの水準まで習得すればどのような評価が得られるのかが示されている。達成水準を知った上で学修できるアセスメント方法で、パフォーマンスなど定性的なアセスメントに特に適している。また、一定の運用訓練をすれば評価者によるバラつきを減らし、評価の標準化にも有効である。

アセスメントのためのルーブリックを作成し、教員間で共通して使用すれば、大学あるいは学部・学科単位で評価の観点を共通化することが可能になるのだ。縦軸に評価の観点（基準）、横軸に評価の尺度（基準）が示されており、こうしたものを低学年の科目から使い始め、継続的・体系的に使用すれば、学生は目標達成にどれだけ近づいているかが実感できることだろう。また、複数の教員による同科目担当による評価のバラつきを抑制する可能性もあり、教員のレポートなどへのコメントやポートフォリオなどに加え、多元的な尺度として今後、ますます普及していくと予想されている。

アセスメント・ポリシーをどう構築していくのか

アセスメントを行うには、達成目標の明確化が前提条件である。学生、教員、大学、社会にとって共有しやすく明確な表現でのDP（ディプロマ・ポリシー）やCP（カリキュラム・ポリシー）といった目標設定は、アセスメントを容易にする。全学のDP策定には、学士力、社会人基礎力、コンピテンシーなどの汎用的能力の作成例が参考になる。

入学時以降のアセスメントの結果が、学生の学修にどのような効果を及ぼしたのかを明らかにする設計図のようなものが求められている。複数の方法・尺度を組み合わせつつ、どの時点でどのような変化が現れたかを測定する必要も生まれてくる。

学生個人の成長に焦点をあてて時系列的なアセスメントを徹底的に行うとすれば、学生たちの提出物や答案に対するフィードバックが重要である。採点結果やコメントなどを付して学生に返却するのである。アセスメントの徹底化の意義は、それを可視化することによって学生自身に成長や達成度を、理解してもらえることである。測定できる評価の材料を可視化して提供し、活用させるアセスメントは、非常に有効だ。学修ポートフォリオをこれに組み合わせれば、学生一人ひとりの変化をパネル（時系列）データとして追跡し、全員の成長プロセスを把握することも可能である。だがこれには大学、教員、学生の膨大なエネルギーが必要である。

他方、限定的に科目やプログラムのアセスメントを行い、改善に繋げることだけを目的にするのなら、アセスメントの対象とする学生を全学生とする必要はない。ランダム・サンプリングなどの方法で抽出した学生を対象としたアセスメントでも状況は把握できる。

アセスメント・ポリシーで、学生個人や授業科目（あるいはその担当教員）のアセスメントをどこまで行うかはそれぞれの組織によって異なるだろう。しかし、ＤＰ（ディプロマ・ポリシー）に則った学位プログラム全体の中で、個々の授業科目が能力育成のどの部分を担うのかを担当教員が認識し、他の授業科目と連携し関連し合いながら、組織的な教育を実現していくことは重要である。

3　内部質保証とは何なのか

高等教育の世界では「内部質保証」という言葉が頻繁に使われる。そして様々な場面で、質保証を重視し、それを推進させようという方向に議論は進んでいくのである。文科省も内部質保証には積極的だ。だが、私は内部質保証という言葉は嫌いである。なぜならこの言葉は、外部説明力を持たないからである。だからといって私は、内部質保証に意味がないといっているのではない。また不必要だとも思っていない。その重要性は十分に承知しているつもりだ。

だが、誤解を恐れずにいうと、単に「内部質保証が重要」「とにかく内部質保証」と唱えていれば、その場をやり過ごせてしまえるような無責任な言葉の響きを感じてしまうからだ。いずれにしても、

「内部質保証」とお題目のように唱えていれば、実現できるものではないのは当然である。質保証とはそもそも何なのか。そして内部の質保証とはどのような概念なのか、簡単に整理しておこう。

大学基準協会のHPには、内部質保証のポイントとして次のように記されている。

内部質保証の定義としては、「PDCAサイクルなどの方法を適切に機能させることによって、質の向上を図り、教育・学習その他サービスが一定水準にあることを大学自らの責任で説明・証明していく学内の恒常的・継続的プロセス」であるとされている。PDCAサイクル(PDCA cycle, plan-do-check-act cycle)とは、前にも述べたが、Plan(計画)→Do(実行)→Check(評価)→Act(改善)の四段階を繰り返すことによって、業務を継続的に改善する実証的な手法である。内部質保証で求められるのは次の二つである。

①質の向上＝大学教育の実質化のための改善メカニズムの構築
②説明責任＝大学教育が一定水準にあることのステークホルダーへの説明・証明

そして質保証という言葉の使われ方から四つのレベルを想定している。

1．大学および大学院などの設置認可時の遵守事項が守られていること
2．学士力のように、社会が一般的に期待している学習成果があがっていること
3．国際的に通用性のある教育研究が行われていること

4．大学が掲げる理念・目的が達成されていること

第一の大学設置基準が守られていることは、大学としての最低条件である。この土台の上に第二を基礎要件として置く。そして第三を目指しながら、各大学の特色を活かした第四の理念・目的の実現に向かうのである。このことが、大学の質保証に繋がると考えられているのである。

現在の大学教育を語る上で欠かせない概念として、ＤＰ（ディプロマ・ポリシー＝「卒業認定・学位授与の方針」）、ＣＰ（カリキュラム・ポリシー＝「教育課程編成・実施の方針」）、ＡＰ（アドミッション・ポリシー＝「入学者受け入れの方針」）があることはすでに述べた。この三つのポリシーを、支えるものとしてＡＳＰ（アセスメント・ポリシー＝測定と評価）が加えられているのである。

三つのポリシーは法令上の位置づけが決められている。だが、ＡＳＰはどのように扱われているのだろうか。大学によっては、三ポリシーを作成すればＡＳＰがあたかも当然のように存在し、自動的に機能するかのように思われているのではないだろうか。

最近の調査（私学事業団）でも、ＡＳＰを定めている私立大学は全体の一四％。二割にも満たないのはそのためなのではないだろうか。内容的に程度の差こそあれ、ＡＳＰを前提として様々な評価方法の開発や、成績評価、卒業認定などは進められるべきである。だがこれが全学的になされているわけではないのが現状なのである。

プラン・ドゥー・チェック（PDCA）が大切だという。だが、プラン・ドゥー（PD＝PDCAサイクルでCAまでに届かない）のケースが非常に多いのではないだろうか。ある大学は、チェックより、他のプランを出すことに躍起になっているのかもしれない。文科省が進めるGP（グッド・プラクティス　Good Practice ＝教育改革の参考になるような大学の優れた取り組みに支援を与える制度）の影響もあるのだろうか。チェックには時間も労力もかかる。新たなプランを立て、それが認められれば支援（おカネ）が得られるのだ。また財務省も予算をつけやすいのかもしれない。

だがここに根本的な問題がある。それは「PDCAサイクル」とは、本当に信頼できるものなのだろうかということである。確立されたシステムなのであろうか。

DPが的確に達成できているか、CPで定めた内容法が取られているか。また、それが本当にDPを達成する際に効果を発揮しているか。また、AP通りに入試が行われているか。あるいは、そのAPがDPの達成、あるいはCPの運営に寄与し、その機能を果たしているのか……。それらの検証のための方針が、信頼のおけるものなのかどうかが問われている。「PDCAサイクルはシステムとして確立しているとはいえない」とする研究者も少なくないのである。

PDCAサイクルは何に基づいたチェックなのか、これが定まっていないのである。にも関わらず、外部の人たちに〝信用してほしい〟といえるだろうか。われわれは内部質保証をしっかりとシステムとして取り込んでいる。だから信用してほしいと社会に向かって発しても、信用してはもらえないだろう。信頼感はまだまだ薄いのである。

評価の可視化、「見える化」が十分でないと外部のステークホルダーは納得してくれないだろう。だが、アセスメント・ポリシー（ＡＳＰ）を実践している大学は極端に少ない。本来的な意味でのアセスメント・ポリシーを見直す時期にきているのかもしれないのだ。

「内部質保証」というに言葉に寄り掛かってはいけない。内向きの内部保証の議論……この延長線上に大学の未来はないのである。

大学の存立危機

いま、韓国の大学で何が起こっているのか。皆さんご存知だろうか。現在、定員充足率四〇％未満の大学に在学している学生には、奨学金は支給されないことになっている。だがその水準が近く、六〇％に引き上げられるのである。つまり、定員充足率六割未満の大学に入った学生は、奨学金が支給されないのだ。これでは対象になっている大学を希望する学生は激減する。早晩この大学は経営悪化に陥り、立ち行かなくなるだろう。

「内部質保証」が外部に信用されず、まさに外部（政府）から一元的な尺度をあてがわれてしまうのだ。そして、経営力も含め、良い大学、悪い大学と断じられるのである。このようなリスクは、我が国も無縁ではいられない。大学における質保証の可視化の取り組みは大幅に遅れているのである。

序章でも述べたが、経営が悪化し、教育の質も低下している私立大学・短大を運営する学校法人への補助金（私学助成金）を大幅にカットする仕組みが導入されようとしている。他方、質保証を阻害するものとして、外部だけの問題ではなく、教授会の頑迷さによって改革が進まないケースもあることだろう。しかし当然のことだが、大学の将来像も含めた全体を考えて内部を説得しない限り、教授会を納得させることはできない。そのためにも、内部質保証の「見える化」は必要なのである。

序章でスポーツの審判、判定の話をした。教育の現場でも同様である。われわれは定性的評価で評価するのか、勝ち負けで評価するのか。恐らくは定性的なパフォーマンス評価で自分たちの優れている点や成果を理解してもらうしかないのではないかと思うのである。

私は中教審の将来構想部会の下部にあるワーキンググループで議論に参加している。そこでの認識は、大衆化に伴う様々な阻害要因、問題などを前提としたとしても、教育の質を保障するための取り組みは不十分であるということで一致している。

積極的に改善の努力を行っている大学があるのも事実だが、他方改善努力が不十分な大学もある。両者の二極化が進行しているのである。これは改革状況調査などをみても、あるいは私学事業団の調査からも、教育改革は足踏み状態だということをデータから読み取ることができるのである。

4 学修成果の可視化とは

可視化とは一般的に、「見える化」である。

可視化の利点は二つある。一つは、学んでいる学生本人が、自分の学習レベルを自らが把握できること。何ができていて何ができていないのか。他から与えられる評価を、そのまま受け入れるのではなく、つねに可視化された評価に基づいて学習を継続していくことができるのである。弱点だったものが、克服が可能な直前の段階にきていることに気づいたり、伸びしろの可能性が示されたりする。つまり、可視化された学修成果は、学習者本人が、〝学修成果の地図〟を与えられることを意味する。そしてこのことによって、つねに現在地（どれだけできているか）を把握でき、次の学びのモチベーションを得ることができるのだ。

文科省は「厳格な成績評価」という言葉を好む。とても重要な視点であるのは確かなのだが、私は、単にこの言葉を鵜呑みしてはいけないと常々いっている。というのは、教員たちに文科省のこの方向性をみせ、「国は厳格な成績評価を求めている」と伝えると、「では、成績の悪い学生をたくさん落とせばいいのか」と曲解する教員が必ず出てくるからである。このような教員に責があるわけではない。「厳格な成績評価」といわれると、一〇〇点満点の一元的な評価がまず頭の中でイメージされ、次に切り捨てる発想が生まれてしまうからである。過去に沁みついた「評価」の固定観念から離れられないのである。

成績評価は、あくまで「成長」を目的としたものでなければならない。やるべきことを明確にした上で、それぞれに対応していくこと。これが自身の成長や実績に繋がるのである。学生たちは、少しがんばれば目標を達成できる手掛かりを得られるのだ。そして、それができれば次のステップへ進むことができる。このことを継続して学んでいくのである。

可視化を可能にするルーブリック

可視化＝「見える化」を可能にするのがルーブリックである。ルーブリックとは評価の基準のこと。ルーブリックは、誰が評価してもほとんど誤差が生じず、評価が一致する「ものさし」のようなものである。

シンプルな例を紹介してみよう。縦軸に複数の評価項目を置き、横軸にはその到達レベルを1～4（あるいはA～D）の四段階で区切り、評価の基準を明記する。この表を用いて、学生の学びが各評価項目のどのレベルに到達しているのかを測るのである。これなら評価する人間が異なっていても、基準に従って評価を下していけば、ブレの少ない、かなり客観的な評価が実現可能となるのだ。

四段階の評価は、以下のように示されるとしよう。

1＝とても優れている（期待する以上に、学修成果にプラスαがみられる）
2＝十分満足できる（期待するものが十分、学修成果にみられる）
3＝おおむね満足できる（期待する学修成果がみられるが、未到達な部分もある）
4＝努力を要する（期待する学修成果がみられない）

このような評価が学生に伝えられる。すると学生たちは、自分ができていない点を、あるいは克服すべき課題を、そして、自分が期待されているのはどういう点なのかを知ることになる。つまり、現在自分がどの段階にいるのかを、自らの学びを振り返りつつ、知ることができるのだ。そして目標がより具体的になり、その目標に到達するための、合理的な努力の道筋を知ることができるのである。

ある段階になれば、どのような評価が得られ、またある段階に至ると次の学びのステップに進めることも理解する。学生たちはルーブリックによって、自身の成長の度合いを自分で知ることができるのだ。同時に「自分は客観的に評価されている」ことを知り、安心感をも得ることができるのである。

求められる汎用的なルーブリック

ルーブリックはアメリカで先進的に開発された。学生の学修成果を測定可能な指標を用いて測定する動きが、連邦政府の主導のもとで進められたからである。連邦政府は奨学金に多くの税金を投入している。ちなみに、いかなる分野であれ、税金が投入されれば、そのおカネがどのように使われているかについては、可視化が求められるのは民主主義国家の世界的な傾向である。そしてアメリカでは、投入された税金がどのように活用され、高等教育の成果として、どのように反映されているかを客観的に知り、それを公表する必要が生じたのである。

もう一つの要因は、近年、高い大学中退率を背景に、連邦政府は奨学金が中退によって〝無駄〟になることを財政的観点から問題視し、アクレディテーション団体（政府によって認定された民間や非営利の団体。この認定制度により、教育機関の質が保障されている。学位も発行できる）を通じて、質保証が不十分な大学を奨学金支給対象から外すという圧力を強めているからである。中退率や卒業率といった定量的な指標もさることながら、各大学は自らの学修成果（Learning Outcome）を実証することを一層求められているのである。

そのため連邦政府は、各大学＝高等教育機関に対し、どの程度の達成度が得られたのかを公開するように求めたのである。これがルーブリック誕生の原点である。

学修成果の証明については、

①直接的に標準化された外部テストなど定量化しやすい尺度を活用する方法

②定性的で尺度化しにくいパフォーマンスを、観点・尺度を設定し可視化する方法
③間接的に学生の経験などから評価する方法
以上の大きく三つの方法が考えられる。

①については、ＣＬＡ（Collegiate Learning Assessment）やＥＴＳＰＰ（Educational Testing Service Proficiency Profile）などの外部テストがあり、州政府やアクレディテーション団体がこれらの方法を進めているケースも少なくない。②の代表例がルーブリックである。とくに有名なのが、前にも紹介したＡＡＣ＆Ｕ（Association of American Colleges and Universities）が作成した教養教育の内容一六分野について、評価の観点・基準をまとめたバリュールーブリックに代表されるパフォーマンス評価の方法である。バリュールーブリックは、個々の授業においてのみ活用し得るルーブリックではなく、授業やコース、さらには大学を超えて活用できる汎用的なルーブリックなのである。われわれが求めているものも幅広い分野に利用・転用可能な、まさに汎用的なルーブリックである。③としては、ＮＳＳＥ（National Survey of Student Engagement）、ＢＣＳＳＥ（Beginning College Survey of Student Engagement）、ＷＮＳ（Wabash National Survey）といった学修行動調査が知られており、日本でもすでに北海道大学などを中心にコンソーシアム（共同で事業を行うために、近隣の大学などが集まった組織）が形成され、活用され始めている。

③については、一三年度からアメリカのNSSEの調査項目が大幅に変更されたことが話題を呼んだ。過去のデータとの比較ができないほどの大幅な変化は、大学関係者を驚かせたのである。学生生活の中での様々な経験の有無を聞く部分が減少し、ハイ・インパクト・プラクティス（以下では「HIP」と呼ぶ）と呼ばれる教室外学修プログラムについて焦点をあてた項目が導入されたからである。

HIPは、前述のAAC&Uがその効果を主唱していた、教室外での体験型教育プログラムの総称で、海外へのスタディ・アブロード、インターンシップ、地域社会の現実課題に取り組むサービスラーニングなどを指す。こうした教育プログラムが、コンピテンシー（成果を生む望ましい行動特性）やジェネリック・スキルといった汎用的能力の育成に効果が高いことの認識が定着し、その結果、それまで定着していた学修行動調査の調査項目の見直しに繋がったのであろう。

さらに驚くべきことは、②のルーブリック活用の広がりである。かつて私は、アメリカでルーブリック評価を導入する大学を数か所訪問したが、それらの大学がルーブリックを活用するようになった契機は、アクレディテーション団体からの評価についての改善勧告であった。

これらの大学の多くは、WEB上にアセスメント・プランをアップし、(i)大学レベル、(ii)学科・科目レベル、(iii)学生レベルなどの対象レベルごとに、どのようなデータ（テスト、調査、ルーブリックなど）を活用するのかを明確にし、どの時期にデータを収集して評価をまとめていくかというロードマップまで公表しているのだ。(i)や(ii)の評価にあたっては、必ずしも全数調査での評価プランにはしていないが、(iii)については全数調査で質保証を行うなどの方法を取っている。大学によっては、学生個人を特定してデータを保存し活用しているケースもあり、目的に応じた評価方法を戦略的に策定し、実施しているといえるだろう。

「(学修の)成果をプログラム共通の考え方や尺度(アセスメント・ポリシー)に則って評価し、その結果をプログラムの改善・進化につなげる」とある中教審の質的転換答申の方式が、実際に取り入れられ、機能している大学がアメリカには存在するのである。

ルーブリックは、(i)(ii)(iii)のすべてのレベルで活用可能な評価方法である。例えば、学士課程の総括的評価としてのレポートを複数名の教員チームで構成し、全卒業生についてルーブリックを用いて評価を行っているカールトン大学(ミネソタ州)や、大学としての到達目標の八項目について、卒業までに全項目で最低水準以上のルーブリック評価を達成することを卒業要件の一つとしていたクレムソン大学(サウスカロライナ州)は、現在は確認できていないが、かつてはルーブリックを用いた評価をすべての学生を対象に行っていたのである。

ルーブリックは個別科目のための採点ルーブリックや科目評価の一部(ライティングやプレゼンテーションなど)として活用することも可能である。個々の学生の評価に用いるのみならず、サンプリングした受講生のレポートから科目やプログラム、さらには大学全体の教育を評価することにも活用されているのだ。

これらのケースは、アメリカの大学の典型例ではなく、むしろ少数派であるかもしれない。しかし、高等教育の質保証について、社会から可視化することが求められている中で、ルーブリックを活用し、定性的でみえにくかった成果を可視化する可能性は大きいのである。

私の大学では、学修成果の可視化をどのような方法で行っているか。それは章を改めて詳しく紹介するつもりだが（第３章「地方小規模大学のチャレンジ＝関西国際大学の取組みと課題」）、ルーブリックの導入について簡単に触れておきたい。

そもそも私の大学においてルーブリックの開発が推進されるようになったのは、従来から学生の成績評価をめぐる曖昧さの問題があったからである。具体的には、同一の科目を複数の教員で担当している場合、同じ課題であるにも関わらず、教員によって評価が異なるという現象がみられた。また、学生は何をどうすれば良い評価が得られるのかが分かっていない現状も浮かびあがってきたのである。

そのため、教員の主観的な判断によって学生の達成度を評価するのではなく、客観的な指標を用いて評価することの重要性が認識されるようになったのである。折しも、アメリカの高等教育では学生の達成度を客観的かつ厳格に判断する指標としてルーブリックが開発され、様々な場面で活用されていた。そこで関西国際大学においても、このようなアメリカの動向を踏まえ、ルーブリックを開発していく機運が高まったのである。

現在は、大学としてのディプロマ・ポリシーの検証、学部・学科のプログラムの達成度の測定、さらには個別科目の評価や学生の成長のありようについて、共通ルーブリックを活用して評価し、記録しつつある。

作成したルーブリックを実際に使ってみると、修正や専門分野・科目の性格を加味したカスタマイズも必要になってくる。定期的な見直しも必要なのである。手間はかかるかもしれないが、高等教育の質保証の信頼性を高める方法として、ルーブリックの可能性は大きいと考えられるのである。

企業とのベストマッチングを可能にするルーブリック

先程ルーブリックの簡単なサンプルを示したが、もちろん、各大学におけるルーブリックはもっと複雑である。それぞれの大学のポリシー、建学の精神などに準拠し、様々な要素が加味されて作成されているからだ。精度も、客観性もより高まる工夫がなされている。

ところで評価の可視化は学生だけに向けられたものなのだろうか。

そうではない。学生ばかりではなく、社会とのより良いマッチング、より具体的にいえば企業とのベストマッチングの可能性を広げる鍵を、このルーブリックは握っているのだ。人は、社会と結ばれているという感覚なしに、成長することはできない。学修成果=評価を可視化することによって、それを企業と共有すること。このことで、地方からイノベーションを起こすことができると、私は信じているのだ。

地方企業とのより良い関係の構築

私は講演や研究、シンポジウムなどで学修成果の可視化をテーマに話をするとき、教育関係者の方々はもちろんだが、企業の方々にこそ聞いてほしいと常々願っている。というのは、企業の方の理解こそが、地域や社会の可能性を広げていく重要なポイントだと考えているからである。

採用試験の際、有名国公立、あるいは人気の私立大学など、選抜制の高い大学なら、ブランド力が機能するかもしれない。だが、地方の大学はそうはいかない。だからこそ余計に地方の企業（中堅・零細企業など）とのより良い関係の構築が必要になるのである。企業とのより良い関係のベースになるのが、学修成果の可視化である。そしてそれを共有するのである。

前にも述べたが、大学の成績が社会から評価されないという現実がある。この不幸な関係を何とか打破しなければならない。だからといって可視化は、個別の先生方にお任せしているだけでは、実現は、まず不可能である。大学、学部、学科としての取り組みが問われるのである。

企業の採用基準は、結婚相手を選ぶ基準と同じ？

産業界や政界からの大学への厳しい視線の背後には、日本の高等教育の学修成果が不十分であるという懐疑論がある。日本経済団体連合会の「新卒採用に関するアンケート調査」（一五年度）において、採用にあたっての重視点をみると、「コミュニケーション能力」（八五・六％）や「主体性」（六〇・一％）が上位を占める中で、「学業成績」は四・八％。二五項目中一七番目という低さで、ほとんど信頼されていないといえる。大学関係者を対象にしたあるワークショップでも、自分の成績の付け方に自信がないと答えた参加者は六割以上に達していた。教員自身が学業成績に自信を持てないのならば、大学の成績評価への信頼の低さはやむを得ないともいえるのである。

欧米先進国では、学業成績とインターンシップの結果が採用を左右するのと比べ、日本では大学の成績は軽視されている。学業成績が産業界や社会から信頼され、評価されるようにすることは、質保証にとって必要条件の一つであると考える。だが、これは一朝一夕に実現できるものではないのは当然である。

一方で企業は、新卒者を採用する際、相変わらず「人柄」、「熱意」、「将来性」の三つを重視している。そして、面接などを通して選考する。「大学名」も参考にするが、学閥にこだわらない限り、重視するのはやはり上記の三つなのである。社会が急激に変化していても、企業の選ぶ基準は旧態依然なのである。

ここで気づくことはないだろうか。これは、恋愛でもお見合いでもそうなのだが、配偶者を選択する基準とまるで同じなのだ。「人柄」、「熱意」、「将来性」。つまり、結婚相手を探す基準と似ているのである。これでいいのだろうか。

企業は「大学での専攻」「大学での成績」などをほとんど考慮しない。なぜなら企業は、採用後に再教育することを前提にしているからだ。より合理性とスピードが求められる時代である。大学と企業のいわば、〝バトンリレー〟が、このような不自然なもたつきを含むものでいいのだろうか。これでは試合（＝経済・企業活動）に勝てないだろう。そして、これは不幸な関係なのである。

アメリカの就職市場では考えられないことである。アメリカの企業は、即戦力の志向性が強く、大学の成績はもちろん、大学で何を専攻してきたのか、そして、どのようなことができるのかを強く求めてくる。だが我が国では、「大学での専攻」に関してはもちろん、学部学科指定も、ほとんどないのが実情なのだ。

最大の目標は、産業界との評価のチューニング

学修成果の可視化の、最終的で、最大の目標は、産業界とのチューニング（評価観の調整）である。産業界に理解してもらうことで初めて意味を持つのである。インターンシップやサービスラーニング、またフィールドワーク型学習などを通して地域の産業界との交流を図る。そして、地域の産業界（企業）と地方の大学とが互いに評価を共有する。もっと踏み込めば、互いにやりとりしながら「書き換えていく」ことがこれからの地域には求められるのではないだろうか。

次章では、大学と地方の関係についてみていくことにする。地方のイノベーションの可能性を大学教育との社会・企業関連の中で探ってみたい。

第2章　地方の活性化とイノベーション

1　大学と地域社会の関係とは何か──「大学と地域社会」「大学間連携と地域社会」

学校基本調査（二〇一六年）によれば、日本全国に大学は七七七校、短大が三四一校、合わせて一一一八校の大学が存在している。しかし、その分布には偏りが大きい。大学については、東京都三四一校、大阪府五七校、愛知五一校、兵庫三九校、北海道三七校といった集中地域と、鳥取・島根・佐賀二校、高知・和歌山三校、徳島・香川四校といった少数地域がある。地域の差はとても大きく、自宅通学生の選択の幅にも大きな格差が生じている。

「二一世紀の大学像と今後の改革方策について」(中教審答申一九九八年　以下「大学像答申」)が出されてから、大学が置かれている環境は大きく変化した。代表的なのが、新増設抑制緩和と、事前規制から事後チェック型への設置認可行政の転換。さらには〇二年に工場等制限法による東京都の大都市圏における制限施設(一五〇〇平方メートル以上の床面積を持つ大学の教室)を新設または増設してはならないという制限の撤廃があげられる。これらの国の方針に伴い、大学の首都圏への集中回帰が加速し、高等教育機会の地域間格差は拡大の一途をたどっているのである。

地域社会にとって大学が果たす効果には以下のようなものが考えられる。

1. 経済的波及効果～学生の流入、学生の地元残留、教員の研究成果による地域振興への効果、教職員・学生の消費活動による経済的波及効果
2. 政治的効果～教員の各種審議会における行政ブレーンなど、学生という若手有権者の輩出源
3. 文化的な地域振興効果～教職員・学生の地域行事・活動参加、生涯学習機会の供給源
4. 都市としての〝活力源〟(住民の年齢構成も含め)や〝ステータス〟などの価値の発生

しかしこうした効果も地域社会と大学の規模、関係、環境などによって一様ではない。大学の募集停止、移転撤退などの事例が出始めている中で、地域社会に大学があること、ないことの大きな差異が地域社会からも実感され始めているのだ。一九八〇年度に国土庁(現国土交通省)に設置され

た「学園計画地ライブラリー」を見直し、機能転換を図った「地域――大学の交流・連携支援ライブラリー」には、いまなお全国から一一四件の大学との連携・誘致についての土地情報が集まっている。以前のように、土地の無償提供や多額の財政補助を条件にするものは少なくなったが、地域振興の中核に大学を位置づける動きは根強いのである。

大学にとっての地域社会とは

大学にとって地域社会はどのような機能を果たしているのだろうか。

1. 学生・教職員の居住生活空間
2. 学生アルバイト先
3. 学生募集の中心的対象地域
4. 教員の教育研究活動の場
5. 教育実習・インターンシップなどの各種実習の受け入れ先
6. フィールドワーク型学習、サービスラーニングなどの学外の Hand-on 型学習の活きた文脈
7. 非常勤・特任教員などの実務型教育担当者の供給源
8. 公開講座などの対象者の供給源
9. 学生の就職先

10．教育研究活動への支援者・協力者の輩出基盤などの多様な機能を果たしているといえる。

しかし地域と大学の関係は、これらの機能に対する期待がどの程度その地域で充足されているのか、ということで大きく異なってくる。首都圏や京都に代表される近畿圏のように、全国からの学生流入によって、〝産業〟としての大学という側面さえ持つ関係が成立して相互補完的な関係ができている例もあれば、同じ近畿圏、中京圏などの大都市圏であっても、**表2—1**の県内進学率のように、流出県と流入県が生じていたり、撤退や募集停止によって両者の関係に終止符が打たれていたりするケースもみられる。

さらに地方圏においても、地方中核都市に進学者が流入している場合と、周辺県・地域から流出しているケースで明暗が分かれている。例えば石川県は、周辺の富山、新潟、福井などからの学生の流入によって、大学と地域

表 2—1　県内大学進学率（都道府県別）

	上位		下位	
1）	愛知	71.4％	和歌山	11.2％
2）	北海道	67.1％	鳥取	13.3％
3）	東京	65.7％	佐賀	13.9％
4）	福岡	64.6％	奈良	15.1％
5）	宮城	57.4％	島根	15.9％
6）	大阪	56.3％	長野	17.1％
7）	沖縄	54.3％	香川	17.6％
8）	広島	52.5％	富山	17.7％

（学校基本調査報告書　平成 23 年度）

の関係が強化されているといえる。

大学連携と地域社会

地域社会と大学の関係は、単一大学だけではなく複数の大学がコンソーシアムを形成し、大学間連携によって地域社会との関係を強化する動きが活発化している。

大学コンソーシアム京都を代表例とするこうした動きは、〇四年に二八の大学からなる全国大学コンソーシアム協議会として発足し、現在では地域別四八組織にまで拡大している。その設立趣旨には「(大学コンソーシアムの取組み)大学を超えた連携型教育、研究は、いまやひとつの形態として大学教育の一角を担うようになり」、「地域の歴史、立地、特性を背景として設立された地域組織としての大学コンソーシアムは、いうなれば高等教育機関と地域社会とが深く結びつき、大学の発展と地域の活性化を実現する取組み」と位置づけられている。

こうした動きを後押しするかのように、〇八年度の「政府予算の編成過程では、行き過ぎた格差の是正を意図して『地方』がキーワード」となっている。このような状況の中で登場したのが「戦略的大学連携推進事業(以下、「戦略的大学連携」)」である。この事業の目的は「国公私立大間の積極的な連携を推進し、各大学における研究資源を有効活用することにより、当該地域の知の拠点として、研究水準のさらなる高度化、個性・特色の明確化、大学運営基盤の強化等を図ること」となっている。

この事業は〇九年度までの二年間行われたが、政権交代の影響もあって残念ながら一〇年度予算には計上されなかった。

政府が大学間連携を促進する目的は単純なものではなさそうである。戦略的大学連携は、総合連携型（地元型と広域型）と、地域を限定しない教育研究高度化型に分けて募集されたが、そのあたりに意図の複雑さが見え隠れする。教育研究の高度化といった大学改革の推進という事業目的と、経営破綻する大学の救済への助走なのか、性格は多義的である。

連携には「一定の目的を達成するための一時的なプロジェクトと解すべきものと、制度的に対応する、つまり永続性を前提とするもの」の二つのタイプがあると指摘されている（小林信一『大学間連携の課題』ＩＤＥ現代の高等教育№五〇八　〇九年）。そして、後者について、連携では座りが悪く、統合に向けての過渡的段階だと理解するほうが、理解も運営もしやすいと思われると述べられている。こうした点からすると地域社会と大学（または大学群）の関係についての方向性は、この段階ではなお不明確であったといってよい。

地域社会にとっての大学～地域で異なる大学の存在意義

首都圏など大都市圏よりも、むしろ地方において大学の存在意義はより重要であるといっていい。地方短大の四年制大学への転換が続く一方で、募集停止に陥る大学が少しずつ出始めている。また、地方や郊外から都心部へのキャンパス移転も増加している。このような状況の中で、大学と地域社会との関係にも変化が生じている。

両者の関係は、大学が地域社会に一方的に貢献するのでも、地域社会が大学を丸ごと支えるというものでもない。学士課程教育答申の中でも指摘されたように、「地域の諸団体との連携・協力を強化」し、「地域の教育資源や教育力を活用」して、「学生に対する教育内容を豊富化する」ことによって、「地域社会に貢献する人材の育成」が可能になる、という互恵性を持ったものとみることができる。地域社会を教育資源として学修に取り込む、すなわち現場体験を教育に取り込むという点でも両者の関係はより重要になっている。

しかし、全国のいずれの地域においても、地域社会と大学の関係が一定のものではないことは容易に理解できるだろう。

例えば、首都圏や近畿圏においては、全国からの人口流入によって地域社会にとっての〝産業〟としての大学が役割を果たしているケースもみられる。代表的な例は、京都である。地方中核都市においても流入と流出の明暗が分かれているケースが少なくない。

札幌、仙台、金沢、松山などのように、周辺地域から大学進学者を受け入れている地域中核都市と、そこへ若年人口が流出している周辺県・地域との格差は大きい。前出の表2―1は大学進学の際の県内進学率の上位と下位をみたものであるが、上位都道府県では五割から七割が地元に進学しているのに対し、下位県では八割以上が流出している。

近年は、地方都市において大学の立地困難さが増してくるケースが少なからずみられる。例えば、地方内での大学の誘致と撤退をめぐる対立が行政と大学の間で発生する例が増加しているのである。大学立地は都市に相応しいものなのであろうか。歴史的にみれば、その社会の大学の普及の仕方によって、立地条件は大きく異なっている。

寮生活を組み込んだ米国(とくにリベラル・アーツ・カレッジ)や中国では、郊外型立地の大学が現在も主流のままであるのに対し、日本、韓国などは寮生活が義務化されることは例外的であり、大都市型であるのか否かは、それぞれの社会における大学の普及の歴史に規定されているといってい い。寮などを整備する財政的余裕の乏しい私学が、東京などの都市で高等教育の担い手となった日本では、通学型の都市立地が主流になり続けていた。

ところが一八歳人口の急増期である九〇年代以降に、地域振興に対する地方都市の誘致によって後背地域人口が必ずしも多くない地方都市での大学新設が急増した。その結果、二一世紀になって次のように大学の募集停止や廃校が出現し始めたのである。いずれも募集停止時の学生数は八〇〇人以下であり、学生確保の困難化が直接的な原因となっている。

〈〇三年度(〇四年　閉校)〉

立志舘大学（広島県坂町）経営学部
〈〇七年度（一〇年　閉校）〉
東和大学（福岡県福岡市）工学部
〈〇九年度　閉校〉
聖トマス大学（兵庫県尼崎市　入学定員二五〇人）人間文化共生学部
神戸ファッション造形大学（兵庫県明石市　同一〇〇人）ファッション造形学部
三重中京大学（三重県松阪市　同二〇〇人）現代法経学部
愛知新城大谷大学（愛知県新城市　同一〇〇人）社会福祉学部
LEC東京リーガルマインド大学（東京都千代田区　同二六〇人）総合キャリア学部

市町村と大学の立地

学生確保について、市町村が影響を持つことはいうまでもない。**表2―2**は、四年制大学が未設置である市を人口の多い順に整理したものである。参考として（　）内に加えた市は、前述のように近年募集停止・廃校になった大学のある市である。単純に市の人口だけで比較するよりも、自宅通学圏と思われる公共交通機関利用で一時間ないし一時間半圏内の人口で比較するほうが適当であるかもしれない。だが、市町村規模と大学立地の最適規模を考える一つの目安ともなるものである。

表 2—2　四年制大学のない市（人口上位順）

（参考：兵庫県尼崎市	460, 246 人）
1. 愛知県一宮市	371, 687 人
（参考：兵庫県明石市	292, 125 人）
2. 神奈川県大和市	221, 220 人
（参考：宮崎県都城市	170, 756 人）
（参考：三重県松阪市	170, 613 人）
3. 愛知県安城市	170, 250 人
4. 神奈川県秦野市	168, 317 人
5. 兵庫県川西市	157, 668 人
6. 茨城県ひたちなか市	153, 639 人
7. 東京都東村山市	144, 929 人
8. 大阪府門真市	131, 706 人
9. 福岡県大牟田市	131, 090 人

注：市名のあとの数字は人口

表 2—3　四年制大学のある人口の少ない自治体

1. 和歌山県伊都郡高野町（高野山大学）	4,089 人
（参考：広島県坂町	12,236 人）
2. 山梨県南巨摩郡身延町（身延山大学）	16,334 人
（参考：宮崎県高鍋町	22,132 人）
3. 山梨県都留市（都留文科大学）	35,017 人
（参考：愛知県新城市	40,345 人）
4. 広島県庄原市（広島県立大学）	43,149 人

注：2010 年 1 月現在（参考は 2010 年 4 月現在）
　　一部新設大学を除く
（表 2 − 2、表 2 − 3 ともに文科省のデータを基に筆者作成）

人口五〇万人近くを持ち大阪と神戸の間に位置する尼崎、神戸に隣接する明石については都市規模だけでは原因を理解し難いが、人口二〇万人未満の地方都市においての大学立地は困難であり、大学誘致を見送っている自治体も少なくない。

他方、**表2―3**は人口が少ないにも関わらず大学を設置した市町のリストである。参考として（　）内に記載したのは、前述の募集停止・廃校となった大学の所在地である。

仏教系大学が宗教上の重要地域に立地しているケースと、学費の低廉な国公立を除くと、人口五万人の市町で大学を運営・維持していくことは極めて困難であるといわざるを得ない。業務停止と撤退を行った私立大学の立地条件には、人口の少ない地方都市が含まれているケースが多い。都市規模が小さくとも公立大学の中には存続し、一定の使命を果たしているケースもある。最近の例では、名桜大学（沖縄名護市　人口五八万人）が公設民営大学から公立大学化した例もみられる。

私立大学の場合には、人口が多い地域で募集停止したケースもあるが、こうした大学は程度の差こそあれ、定員充足率が低くなったことによる財政面での悪化（破綻とは限らない）を募集停止の理由にあげている。このことは、一定の都市人口規模を満たせない地域における大学設置・維持が困難になっており、地域社会が公立化などの形での追加的支援を実質的に行わなければ大学の存立が難しくなっているといえよう。

大学キャンパス移転の地元への影響

地域社会にとって、大学が募集停止や廃校に至ることは、前述のような経済的波及効果に重大な悪影響を及ぼす。

宮崎大学や広島大学などの国立大学キャンパス移転の影響を調査したデータ（東江真人・鶴崎直樹など「大学キャンパス跡地の土地利用」および「周辺地域の変遷に関する研究」）をみてみよう。

・集合住宅数が一〇年でいずれも約一割減。広島はその後も減少が継続
・商店・スーパー数がいずれも一〇年間で約二割減。宮崎はその後も減少が継続
・飲食店数は移転直後より減少。いずれも一〇年間で三割以上減。その後も減少が続く
・宮崎大学の場合、宮崎公立大学設置により減少傾向が収まった

などの影響が出ており、地域社会からの大学撤退は、地方中核都市でも経済的に大きな影響をもたらすと指摘している。いったん大学を設置したために、相対的な剥奪状態が出現するリスクがあるのかもしれない。

地域社会における大学の存在意義

これまで地方における大学存立問題を通してみえてきたことの一つは、大学が地域社会にもたら

す社会経済的貢献は大きく、それがなくなることは地域社会へのダメージが大きいということである。

地域社会、とりわけ後背地域人口が三〇万人以下の地方都市では、大学を誘致・設置したとしても、存続できなくなり撤退された場合には、大きな相対的剥奪感を地域社会に与え、地域振興への足掛かりが多元的に損なわれ、過疎化や地域社会の衰退に繋がりかねない状況をもたらすといっていい。こうした意味で、単に個別大学と地方都市の問題、あるいは高等教育政策の一端にとどまる問題と理解するだけでは不十分である。そこでは、地域間格差の拡大・縮小を規定する国土計画の重要な一部であるという側面が見落とされているからである。

本来、国土計画や地域振興のマスタープランは、政府・中央行政の責任であり、臨時定員制度まで教育機会均等化は進んでいたことはその例証である。隣国韓国では、ソウル首都圏に大学生が一極集中し、ソウル圏以外の大学の定員割れなどが深刻な問題になっている。韓国の場合、ソウル一極集中が他の分野でも起こっているが、こうした状況に我が国も追従していくのであろうか。

どの地域に居住するかによって、高等教育機会の多寡が著しく規定され、自宅通学圏に大学がまったく存在しない、あるいは高等教育機関の機能別分化の恩恵を実質的に享受することができない（選択の余地がない）地域住民が増加しつつあるとみることができる。地域によっては進学機会にすでに選択の余地のない状況が発生している。地域に唯一自宅通学が可能であった大学が移転・撤退してしまえば、大学進学それ自体が困難になるのである。

個別の大学か、それとも「大学群」としてとらえるか

国の財政状況が悪化し、少子高齢化による社会保障の自然増が続く我が国において、ともすれば教育予算は縮減の憂き目をみやすい。高等教育予算自体が、文教予算の一部として初中等教育との相対的な比較の中で後回しにされがちである。しかし、実際には初中等教育以上に地域格差の源泉となりやすく、何よりも八〇年代半ばまでには、地域格差の均等化の方向に向かいつつあった政策の変更によってその格差が拡大してきたとするならば、政府が負わなければならない責任は重大である。

とはいえ、このまま政府の施策任せで現状を放棄することは、大学の存在意義自体の実証を大学が放棄することになる。こうした厳しい状況下において、既存の大学や地域社会はどのような対応を考えていくべきなのだろうか。

考えられる方策の一つとしては、地域社会における「大学」についての射程の転換があげられる。地域社会における「大学」という際、個別大学のみを考えるのか、より広範な地域に存在する大学群なのかということの再考である。

地域によっては学部・学科を地元進学で選択する余地は少なくなりつつある。地域に複数の大学

があり、それぞれが特徴を出すことが望ましいのはいうまでもない。だが、単独の大学ではなく、大学群に代替的役割を果たすことを期待せざるを得なくなる可能性も生じている。

大学間連携が先行しているアメリカ

アメリカ・ワシントン州では、地域社会に根差したコミュニティ・カレッジ（以下、CC）が州内各地に設置されてきた。だが、自宅から通学できるのは二年制の短期高等教育機関しかない地域も多かった。このような住民の進学利便性を向上させるために、CCがコンソーシアムを組んで、比較的距離の近いCCに小規模のBA（文学士号＝Bachelor of Arts）、BS（理学士号＝Bachelor of Science）プログラムを設置し（名称もカレッジと改称）、相互補完と各校の強みを活かしたコースづくりを始めている。その結果、学生も自宅通学可能圏に、二年制のCCと一部四年制のBA、BSコースを併置する高等教育機関ができ、やや遠距離まで足を伸ばせば他のCCと四年制コースを併置する他のカレッジが利用できるという工夫も始められている。

こうした取り組みの前段階として、アメリカでも〝内向き〟傾向が強いといわれる学生に対し、単独のCCでは実施が難しい海外プログラムの共同実施などの教育プログラムの共同実施が行われ、大学間連携が先行していたのである。

期待される地域内の大学間連携

我が国においても、教育面における大学同士、あるいは大学と地域社会の連携の実績は地域や分野によっては盛んに行われる場合もある。だが、全般的には断片的、部分的な段階にとどまるケースが多い。地域における大学を存続、定着させるためには、高等教育への公的支出が弱体である上に、小規模で脆弱な経済的基盤の上にある地方私立大学や地方行政だけでなく、大学(群)や産業界なども含めた地域社会との連携・協力が必要である。

日本にはこうした取り組み例はまだ存在しないし、都市部と地方では大学に対する期待や卒業後の希望も異なる。しかし、地方によっては、将来の地域社会の担い手となる学生を育成・定着していくという地域ニーズに対する共通の目的意識をステークホルダー間で共有することができるのではないだろうか。

全国コンソーシアム協議会の設立趣旨には、大学と地域の連携、協同、地域の活性化に対する総括的なコンセンサスが織り込まれているように思える。今後、インターンシップ、サービスラーニング、海外プログラムなどのように、学士課程教育に体系的に組み込まれた地域での学外教育プログラムの担い手として、さらにはワシントン州の例にみられるような地域内の大学間連携によって学位プログラムを創造していく可能性も含め、地域社会における大学の存在意義を発揮することが期待されている。

大学と地域社会との関係は、前述のように、主体として大学の発展と地域社会の発展という互恵性の具現化である。同時に学生の成長に資するものであることが不可欠である。全国コンソーシアム協議会の趣旨にあるように、『地域力』を『組織力』に換えるような」新たな発想を高等教育の場に導入し、学生の学びの場としての地域社会と大学の強固な関係づくりが改めて求められている。

2　地方にとってのグローバル化とは何か——共愛学園前橋国際大学の取り組み

グローバル化が与える日本社会や大学教育への影響はいうまでもなく大きい。しかし、その影響は全国一律ではない。すべての大学に一様に影響が及ぼされるわけではないからである。だからそれぞれの大学は、地域性や置かれている環境、そして設置学部・学科に見合った形で、自らのディプロマ・ポリシーやカリキュラム・ポリシーを定め、グローバル化に対応をしていくことになる。だが、このような方向性を理解していても、英語教育や海外プログラムの充実、留学生受入などをどのように組み合わせて行っていくのかについて、多くの大学で迷いが生じているのも現実である。

このような状況の中で、共愛学園前橋国際大学にはこうした迷いが感じられないのである。同大学は文部科学省のグローバル人材育成支援（GGJ）、大学教育再生加速プログラム（AP）、地（知）

の拠点大学による地方創生（COC＋）、地（知）の拠点整備事業（COC）の四事業すべてに採択された全国二大学のうちの一つであり、その教育力の高さは近年注目の的となっている。

国際大学という校名ではあるが、留学生数は二五名とわずかである。それ以上に驚かされるのは、学生募集の対象地域をほぼ群馬県内に絞っており、実際に学生の八五％が県内から入学し在住している、極めてローカル色の強い大学であることだ。

注目されている海外教育プログラム「ミッショングローバル研修」

私は私学高等教育研究所のグローバル教育班に所属している。そこでの実地調査で本校に訪問調査に伺うことになったのである。目的は数多くの教育プログラムの中でも、とりわけ短期の海外教育プログラム「ミッショングローバル研修」に注目したからである。

「ミッショングローバル研修」の派遣期間自体は二週間。訪問先はタイ。調査型研修で、地元を代表する企業サンデンホールディングス株式会社（以下サンデン）とタイアップした課題探求型プログラムである。

参加学生は一〇名程度であるがその密度は濃く、学生の間では〝地獄のプログラム〟という声すらあるという。

今回参加学生にもインタビューしたが、期間中最初の一週間は、タマサート大学での語学学習と学生との交流による文化研修。二週目の最初の数日は「一デイミッション」の課題が出される。二、三人ずつの小グループでその課題に取り組み、夕方までに解答をまとめ、夕方にはグループごとに出題した現地の日系企業・事業所関係者の前でプレゼンをしなければならない。実質半日で市内に繰り出し、街頭インタビューや観察を行って解答を考え、その上でパワーポイントなどの発表ツールにまとめる。これだけでも大変であるが、実際に現場の関係者からは容赦のない評価やコメントが返されるという。

課題例をあげると、「現地のラーメン・レストランに昼食時に若者客を集めるのにどうすればいいか」といった極めて具体的・実用的な課題もあり、頭だけで考えたり、思いつきだけでは絶対に答えられない。もちろん模範解答などは存在しない。あくまで、課題解決学習なのである。これらが五日間毎日続くのである。

学生達は毎日夕方の発表が終わると、遊びに出かけるどころではない。ホテルに戻って翌日に備え、泥のように眠ったという。しかし、これはタイの社会や文化を知るためのウォーミングアップなのである。

最後に、一週間かけての課題が待っている。パートナー企業であるサンデンは海外にも多くの拠点を持つ群馬県を代表する企業である。課題は、出発前から出されている。

「バンコクにどのような飲み物の自販機を置けば売れるか」

という課題は、一見簡単そうにも思えるが、飲料の種類を提案するといっただけではなく、機械の機能やプロモーションまで含めて提案しなければならない。タイ出発までに与えられた課題というものの、現地に行ってみて最初の一週間を経て、学生たちは自分たちの思いつき程度では不十分であることを実感するのである。だが気落ちしている暇はない。彼らは自分たちの立てたアイデアをアンケートにして、実際に市内に出て果敢にインタビューを試み、データを集め、それを材料に自分たちの提案を準備したのである。

発表当日、移動のバスの車中でまだプレゼン準備のPDFを準備する者もいたという。そして、サンデンの現地事務所の社員達を前にプレゼンが行われたのである。そこでは容赦のない質疑が交わされ、コメントや評価が戻ってくるのである。

「地域に貢献できる人材」を、企業と大学が一緒に育てる

サンデンの役割は大きいが、その一方でサンデンの望む人材を提供するというわけではなく、サンデン側もインターンシップを直接採用に結びつけているわけではない。サンデンと「地域に貢献できる人材」を一緒に育てるというのがポイントになっているのだ。

大森学長の言葉を借りれば、「愛情を持って若手社員のように学生のことを思ってくれるパートナー企業」との関係があればこそだという。

このプログラムでは、確かにタイム・マネジメント力、プレゼンテーション能力、ストレス耐性、チームワーク力などが短期間で鍛えられることは間違いない。参加経験者達に、もう一度参加したいかを尋ねたところ、参加直後は厳しい内容を思い出し、そうは思わなかったが、一年も経つともう一度参加してさらに上を目指したいと思うようになったと述懐していた。参加直後は高揚していても、一年も経つとその経験が風化してしまう経験学習とは密度が違うのである。

冒頭で述べたように、大学にとってのグローバル化の影響は全国一律ではない。外国人人口比率全国六位の群馬県にとってのグローバル化は東京都とは異なるであろう。ミドルリーダーを育てるという狙いから群馬の地域人材の育成を目指し、地域就職率六割から八割へ（実際に八割を達成している）という目標を掲げている同大学にとっては、「大学のコンセプトに必要だからグローバル、地元に必要なグローバル」という大森学長の言葉には実感がこもっている。年間二〇以上のプログラムを実施し、短期留学者の比率が全国の大学で二位にランキングされているという同大学の海外研修プログラムの大部分は短期留学である。保護者の費用負担能力も考慮している側面と、一年留学すれば群馬に残らなくなる、つまり東京の企業に出て行ってしまうことも考えているようである。地元就職なら「ＴＯＥＩＣ（英語力）」より「交渉する」能力をと、地元企業からは求められることがあるという。短期間でも充実した研修内容で〝地獄を見てくる〟ことのほうが評価されるということらしい。

地域でのより積極的な概念……「グローカル」

「グローカル」という概念がよく語られる。その多くはグローバル＋ローカルということで、両者は別々のまま足し算するといったケースが多い。だが、同大学のプログラムではグローバル化もCOC対応（ローカル化）も別々のものではないという。そのため統一したコンセプトで「同じことをやっている」（大森学長）のだという。このような認識が、地域での広がりに貢献しているのではないだろうか。〝群馬だからこそのグローカル〟を目指して取り組み、群馬県内を学生募集の対象地域とするという同大学ならではの覚悟が伝わってくるのである。

「地学一体」、すなわち地域の行政、産業、教育機関が〝一緒にやりましょう〟というコンセプトの実現を目指す、同大学のグローバル化を包含した在り方は、地方中小私大の一つの方向性として大いに学ぶべきところがあるのではないだろうか。

3　公設民営大学という制度設計は正しかったのか——費用負担と教育機会均等の観点から

公立化した大学を年代順にあげれば、〇九年に高知工科大学、一〇年に名桜大学と静岡文化芸術大学、一二年に公立鳥取環境大学、一四年に山陽小野田市立山口東京理科大学と福知山公立大学、一七年に長野大学となる。

諏訪東京理科大学は一八年に公立化を予定し、旭川大学と新潟産業大学などは公立化を検討中である。公立化の対象は、公設民営大学および公私協力方式の大学、すなわち地方公共団体が設置経費もしくは運営費を支出してきた私立大学であり、純粋な私立大学の公立化は総務省が認めていない。一般に大学誘致の際、国立大学の新設は困難であり、公立大学には「一県一大学」の原則があった。だから二つ目は設置できないのである。私立大学は学生募集の観点から都市部を選好する。そのため、地方地域への誘致には一定の地元負担を伴ったのである。

こうした事情から公設民営・公私協力方式の大学の多くは中小規模で、後背地域の人口が少ない。もしくは人口減少が続く地域に立地し、設立後は定員割れが続く傾向があり、学生確保に苦しんでいたのである。

公立民営大学などの背景～大学の地方分散政策

前項でも触れたが、六〇年代前後から七〇年代にかけて、工場法（工場等制限法、工業再配置促進法、工場立地法）による大都市圏の過密対策が進められた。これらの法律は、首都圏などの都市部における人口・産業の過度な集中の防止を目的として、人口などの集中を招く施設の都市部への新増設を制限し、都市部からの移転を促進するものであった。同時に大学もその対象となる。八〇年代ないし九〇年代以降、工場の海外移転、環境技術の進歩などによって立地の制限は緩和され、工場等制限法は〇二年に、工業再配置促進法は〇六年に廃止された。

八〇年に国土庁(現国土交通省)は、大学・短大などの高等教育機関の立地を円滑にし、その適正配置を促進するため、「学園計画地ライブラリー」を設置する。大学などにキャンパスの候補地を紹介する業務を開始したのである。この業務はいったん休止した後、〇四年には機能充実を図り復活。地域と大学などがそれぞれの資源や機能を用いて多面的・広域的に連携するきっかけをつくり、地域の活性化に資することを目的とする「地域―大学の交流・連携支援ライブラリー」として運用を再開したのである。情報提供手段としてホームページも開設したのだが、その後に廃止されてしまった。

大学の地方分散政策の評価

大学の地方分散政策の評価についてのいくつかの研究がある。

一九七六～九三年を対象として大学の収容率と志願率の地域間格差を分析し、七六～八六年には地域間格差が縮小したが、大学立地政策の規制緩和期(八六～九三年)の時点では、政策の効果がみられないとした研究(「昭和五〇年代前期高等教育計画以降の地方分散化政策とその見直しをめぐって」『教育社会研究』島一則　九六年)。また、五五年〜〇五年を対象に東京都の学部学生を一〇年ごとに分析し、全国の学部学生数に対する東京都の割合が八五〜九五年に低下したことから、この時期には大学立地政策による規制の効果があったと分析すると同時に、東京都の割合は九五〜〇五年にも低下していたことから、工場等制限法の廃止は地域間格差の拡大をもたらしていないとした研究(「東京都所在大学の立地と学部学生数の変動分析―大学立地政策による規制効果の検証」末富芳　〇八年)などもある。さらに、九〇年代以降に大学進学率の地域間格差が拡大したことから、九三〜〇二年になされた特定地域における新増設の制限は、地域間格差の拡大を緩和していたと評価する研究(「『大学立地政策』の『規制緩和』のインパクト」『「北海道大学大学院教育学研究紀要』上山浩次郎　一一年)などがある。

高知工科大学の事例

高知工科大学は、公設民営方式で九七年に設立された大学である。県立大学ではなく私立大学とした主な理由は、法人格を持つことと教員が非公務員であることの二点であったとされている(岡村甫　〇七年)。これらは、〇四年度以降すべての国公立大学に普及し、公設民営大学の利点はほとんどなくなったといっていい。創設当時に公立大学法人の制度が適用されていれば、それを採用していたと思われる。

私立大学である高知工科大学と高知県の間に公式の関係はない。だが、高知県知事が理事長であり、設置に関わった教員が在籍するという人的繋がりが存在していた。このように当初は両者の密接な関係が保たれていたため、将来的に両者は人的な関係から公的に保障される関係に移行することが期待されていたのである。

一方、私立大学の主な収入が学生納付金であるため、県立大学の二倍の経済的負担を学生に強いていた。だが、当時の比較的余裕のあった経済状態と、自らの身を削っても子供に尽くす親の気持ちがあったため、大学の大きな欠点にはならないと思われた。しかし、地域の経済事情は徐々に悪化し、親自身の将来の年金に対する不安もあって、この欠点が地方住民にとって厳しいものとなっていったといわれている。

公立大学化した公設民営大学訪問調査の結果から

私たち（私学高等教育研究所のグローバル教育班）は、これまでに五大学、すなわち、高知工科大学（高知県）、長岡技術科学大学（新潟県）、公立鳥取環境大学（鳥取県）、名桜大学（沖縄県）、福知山公立大学（京都府）の訪問調査を行った。調査対象は各大学の教職員であるが、大学をとりまく関係者として、周辺高校の進路指導部、地元の産業関係者、設置主体である自治体関係者を可能な限り調査対象に含めた。公設民営大学が公立大学化したケースの特徴は以下のようにまとめられる。

公立化後の状況

公立化は設置者変更の手続きであり、教育課程の見直し・変更（改組転換）を伴わないことが原則である。財政的には、国からの収入が、私学助成から地方交付税による運営費交付金に移行し、より高額となった。

地元自治体の負担を要しない事例が多かったが、自治体が大幅な補填を行っている例外的な大学もあった。学費は、ほぼ半減した。支出は、教職員給与が公務員並みに低下することもあった。運営は、従来のプロパー職員が主に担当していた。地方交付税の使途は自治体の裁量に委ねられるため、自治体の姿勢によって公立大学への支給率には違いがあった。大学は予算編成の自由度が高まったのである。

学費の低額化は学生募集に即効性があり、公立大学としての威信と、受験情報が「国公立」として扱われる影響もあり、いずれの大学も受験生が急増して入試の偏差値は上昇し、全国から受験者が集まり、県外からの入学者も大幅に増加している。

地元高校の反応

公立化によって、地元からの入学者は減少した。偏差値の上昇によって、中堅校からの入学者は横ばいで、下位校からは合格できなくなった。入学者選抜に地元枠を設定している大学が多かった。

当初、公設民営・公私協力方式が趣旨とされ、地域社会の進学機会の拡大が謳われていたが、公立化の趣旨文からは消滅していた。

地元産業・地方創生への貢献

学生は入学と卒業によってつねに入れ替わる。だが、他地域から流入した学生の数だけ、地元の人口が増加することになる。こうした学生は、住居費や生活費などの支出によって地元の経済に貢献している。流動人口増は、地方税の加算要因ともなって自治体の財政にプラスとなっている。

学生すなわち若者による地域の活性化も期待されている。とくに公立化によって学生の質が向上し、地域活動に積極的に参加する姿が好意的に受け止められている事例も多い。他地域からの刺激・視点(外部者の目)も、地元では歓迎されている。

一方、他地域から流入した学生は、残念ながら卒業時にはほとんどが転出してしまう。地域創生に貢献する人材とはなり得ていないのが実情である。

設置した学部・学科を地域産業の創出に繋いだ長岡の例もある。特色ある学部・学科とそれを意識的に活用・育成していく戦略性が、地域振興には欠かせない条件となってくるのはいうまでもない。「若者の力」の戦略的な活用策が確立している例は必ずしも多くはない。地域産業が衰退している地域では、地域創生の直接効果は大きいとはいえないのが実情である。

地方にとっての大学

公設民営・公私協力方式による私学の誘致は、地元に大学がないことへの危機感によって推進されてきた。しかし、設置された私立大学は、地元高校生の国公立志向や学部学科選択とは必ずしも一致せず、地元からの進学先となる思惑が外れることもあった。公立大学化の効果は、学費の負担軽減と公立大学という威信（官尊民卑）によって評価が左右される。公設民営・公私協力方式による設置経費は地方税によって負担されたが、公立大学法人化によって維持費は地方交付税（国税）が支えることになり、いわば公設民営大学から公設国営（総務省営）大学へ移行する側面すら見受けられるのである。

地域社会のニーズと大学が問われているもの

以上の調査結果を、課題としてまとめれば次のようになるだろう。

（一）公立化問題が問いかける課題

・公立大学でなければ大学が存立しえない地域にとっての大学は確かに存在する（名桜大が代表例）。

・大学間の競争は市場原理が問題をすべて解決するわけではない（授業料の国公立私立格差の持つ

影響力に規定されている)。

・大都市圏の公立大学の存在意義：何のための公立大学か、どのような学部・学科や大学院が必要とされているかという視点は重要である。低学費であるだけにその存在意義は問われる。

・地域社会にとって大学が果たすべき機能：流動人口の持つ意味。地方における大学の消滅を避けることは重要であるが、それらがすべて公立化することが必要であるかについては疑問がある。

・高等教育費は誰が負担すべきか：総務省は地方交付税の一公立大学あたりの単価を一四％程度切り下げる予定であると聞く。その後はどのように変化するのかによって公立大学の財政状態は変化する。一律に学費無償化すればよいのか。傾斜配分を行うとしてその原理は何か。家計所得か、特定分野か、地域的配分かといった検討が重要になる。

・公立大学の自由度をどう評価するか：公立化によって大学の自律性と自由度は高まった。公立化後の学部・学科構成は地方交付税の学科分野別配分単価に影響され、高等教育計画が不在のまま分野別の新増設が進行している(医療保険高・人社低)。

(二)公立化からみえる高等教育戦略計画の欠如

公立大学化は高等教育費の負担構造の問題に「官公」尊民卑の風土が加味されることに直結する。

・設置分野ごとの格差構造は何を意味するのか。公立大学は、地方交付税の単価が高い看護などの分野に集中するが、それが地方創生に貢献する分野であるのかは十分検証されていない。政府としての統一的な高等教育計画が欠如しているのではないか。

・人材育成計画なき高等教育政策がなされている。情報セキュリティ人材の不足に代表される新領域への対応は、新自由主義的な発想だけで解決するのか。本書冒頭でも述べたがＭ・オズボーンによれば今後一〇～二〇年のうちに、国民の半数が職種転換を余儀なくされるという予測がある。こうした将来状況下で社会人の学び直しが大量に発生した時、どう対処するのか。私立大学が退場した後の地域で、学び直しの機会をいかに創り出すのか。

・国公立と私立の可視化されていない格差構造をいかに解消していくのか。地方交付税の単価を切り下げた後はどうなるのか。公立大学の授業料が一律なのはなぜか。今後地方交付税が減税されれば地方税での負担を増やすのかなど、公立大学化の課題は大きい。

第3章　地方小規模大学のチャレンジ
――関西国際大学の取組みと課題

1　建学の精神

私の母方の祖母（濱名ミサヲ）は、幼稚園や専門学校を経営する教育者であった。一九五〇年、第二次世界大戦後の混乱した世相の中、幼児教育の重要性を痛感する。同時に兵庫県尼崎市からの強い要請もあり、私財を投じて幼稚園「愛の園幼稚園」を設立。現在は幼稚園型認定こども園に移行。三号認定を受け、二歳児からも受け入れられる幼稚園型の認定こども園として地域社会に貢献している。学校法人濱名学院は、この幼稚園設立からスタートする。私が生まれる数年前のことである。建学の精神は「以愛為園《いあいいえん》」。「愛を以て園と為す」。この言葉には、人に対する思いやり、人を受け入れる姿勢を持った子どもたちの育成。また、親の子どもに対する愛情、子どもたちの想いをしっかりと持った学園でありたいとの祖母の願いが込められている。この精神は、現在の関西国際大学、関西保育福祉専門学校にも継承されている。

関西国際大学は、二〇周年を迎えようとしている。前身は関西女学院短期大学。そこに男子学生を含む経営学部単科の大学としてスタートした。その時に、「以愛為園」の精神は不変だが、より具体性を示すために、「アジア・太平洋地域を中心とする世界で活躍し、社会に貢献する人材を育てる」ことを強調し、これを教育の目標として全面に掲げて設立(九八年)したのである。

初代学長である故村上敦氏は、開発経済学という新しい領域を生み出した研究者である。神戸大学大学院では開発協力研究科という研究科を立ち上げた。村上氏は、「これからはアジア・太平洋地域の時代が来る。そのための人材を育てたい。アジア・太平洋時代を見据えた人材育成は、関西圏の経済にとっても重要である」という認識と強い希望を持っておられた。当時私は、上智大学大学院を卒業し、短期大学教授と濱名学院の法人企画室長兼大学の設立準備室長の肩書きで、大学設立に向けて遁走していた時期であった。初代学長の教育目標に大いに感じ入り、大学設立に向けてエネルギーを全開にして走り回っていた記憶が残っている。

「以愛為園」の建学の精神で設計された幼稚園は、保育士養成の学校の前身をつくるきっかけとなる。これが後の関西保育専門学校である。ところで当時、保育士といえば、いわゆる〝保母さん〟。女性中心の職業であった。だが、厚生省（現厚生労働省）の認可を受け、日本における男性の保育士の第一号を同校から輩出する。女性職業人育成など女性の社会進出はもちろんだが、少数派の社会進出という面でも、力を注いできたのが我が学院の伝統である。そういう意味では、パイオニア精神に溢れていたといえるかもしれない。

普遍性のある究極の価値の実現。それは「安全・安心」

関西国際大学は、「以愛為園」の精神を受け継ぎ、地球上の異なる人々の立場を理解し、痛みを分かち合い、ともに歩み問題を解決できる人間を育てたいと考えている。単に知識を習得しただけの人材ではなく、実行力を持って二一世紀のアジア・太平洋を中心に世界を見据え、世界市民として活躍できる人間の育成である。

キーコンセプトは、「グローバル化に対応できるものの見方」、「現場でのマネジメント（組織・集団の機能の最大発揮）に貢献できる力」、「セーフティ教育の徹底」。この三つの視点を軸として、「安全をマネジメントできる人間の育成」を目指している。

創立二〇周年を迎えるにあたって、「以愛為園」の精神を現在と未来への視点として、もう一度見直してみようという機運が学内で高まってきた。学部ごとに三つのポリシー（DP、CP、AP）の見直しはもちろんだが、とくに、人に対する思いやり、人を受け入れるということは、どのような状態を指し示しているのか、このことを中心に再び考えを深めることにしたのである。

「多様性理解」を別の言葉で置き換えるなら、価値観も文化も多様化している社会の中で、より普遍的な価値は何なのかを模索することである。これに対する究極の答えは、「安全・安心」である。この「安全・安心」をいかに構築し、それをマネジメントできるかが最も重要なポイントである。

安全に、安心して他の人たちと共存して生活していくことができること。対立するのではなく共存。安全・安心のための協調、安全・安心なコミュニティ、安全・安心な社会、そして安全・安心な世界。これを構築するために何をなすべきなのか。

その鍵を握っているのが「安全・安心を生むマネジメント」である。マネジメントをドラッカー流に表現するなら、「組織が持っている機能の最大化」である。これは経営学の世界に限った話ではない。教育も看護も防災もすべて同じである。自分が置かれた場の中で、安全な状況を作り出していくために「組織が持っている機能の最大化」を図ること。このような状態をマネジメントできる存在になること。これが現代の文脈の中における「以愛為園」なのである。われわれが辿り着いた結論である。

多様化した状況の中で、何が普遍的に共有できる価値なのか。それは、安全・安心である。価値観は多様化しても、人は安全・安心に暮らしたいと願っている。この価値観は不変である。しかもこの価値の相対的な重みは、日々増している。環境問題、自然災害、テロの問題、政治的・経済的対立、さらに宗教反目など、世界では様々な問題が発生している。だからこそ余計に、安全・安心に暮らしていける状況を作る意味があるのだ。

ベンチマークの「社会的な貢献」とは何か。安全・安心な状態を構築すること。「自律性」とは何か。そのために自分自身と自分の置かれている場をマネジメントすることができること。つまり、「安全・安心の構築」、その実現こそが「以愛為園」の精神が目指すコミュニティなのである。

2　グローバル・センスの芽生え

一〇〇点満点主義にみられる一元的な評価ではなく、われわれは多元的で重層的な評価方法を既存の大学よりも早く取り入れた。その代表がルーブリックとＧＰＡ（ジー・ピー・エー＝Grade Point Average　学生の成績評価値）である。ルーブリックは、前にも述べたが学習到達度を可視化するために表形式で評価基準を示したもの。学生が目標に対してどこまで到達できたかを、その表に示された内容に接するだけで具体的に学習の到達度や習得度が理解できるものである。ＧＰＡはアメリカの大学で一般的に行われている成績評価方法。成績を五段階の数値に置き換え、その平均点で評価する。国際的に通用する基準であるため日本でも導入する大学が増えている（六割）。

学修支援センター（IR）、サービスラーニング、ハイ・インパクト・プラクティス、グローバルスタディ、一年生ゼミなどグローバル人材の育成に欠かせないプログラムやデータシステムも他校に先駆けて導入したのも本学である。

教育に関する私の基本的な姿勢は、自身の大学時代にその原点がある。高校は男子校で、どちらかといえば似たような連中が多かった。だが、上智大学に入ってしかも寮生活だったから、いきなり多様性の中に放り込まれ、世界がグッと広がった感じがしたのである。そこには外国人の神父が大勢いて、みんな親身になって接してくれる。教師・神父と学生、学生同士がとても親密で、教育には「つながり」が重要なのだと痛感させられたのを覚えている。

井上ひさし氏の小説『モッキンポット師の後始末』を始めとするシリーズには、〝不良学生三人組〟にいつも手こずるお人よしの指導神父モッキンポット師が登場する。小説では、S大学文学部仏文科の主任教授という設定だが、Sはソフィアで上智大学がモデルといわれている。この大学には、モッキンポット師同様、かなりユニークな外国人神父がたくさんいたのだ。

中高の教師ではあったが、アメリカ人のマシー神父もその一人だった。マシー神父は、現在、関西国際大学で積極的に取り入れているグローバルスタディ導入のきっかけを私に与えてくれた先生である。グローバルスタディとは、海外での活動を通し、世界の人々の多様な価値観や文化を理解し自ら行動できる人材を育成するためのプログラムのこと。

一年生の終わりに、私はいきなり先生から声をかけられたのである。「あなたはフィリピンでのプログラムに選ばれました」というのである。訳も分からず師の言葉に従ったのだが、連れていかれたのは、フィリピンのミンダナオ島。島の東部では共産ゲリラがうごめく、マルコス政権の時代。カガヤン・デ・オロという滞在した街自体に大きな危険はなかったが、戒厳令が敷かれ、夜間外出禁止令が出されていた。道路の舗装がされていないところが多く、ジープはすぐにバーストしてしまう。トイレには便器の縁がない。大変なところに連れてこられたと思ったが、先生の言葉が胸に刺さった。

「濱名、お前は世界中のどこへ行っても生きていけるよ」

実はこの言葉が自信に繋がったのも事実である。私自身のグローバル・センスはきっとここからスタートしているのだと思うのである。

その一年後、現地で世話になった学生たちを日本に連れてくるために、大学祭でフィリピングッズを売ったり、上智のピタウ学長（当時）に寄附をお願いにいったりして実現した経験は忘れられない。

本学で、グローバルスタディという全学生を海外に派遣する制度があるが、それをつくるきっかけになったのはこの当時の経験がベースにある。その火種に火をつけたのは一人の教員がカンボジアで小学校を建てたいという話を言い出したことである。実現一歩手前までいった。何年も前になるのだが、小学校設立については、設計士やゼネコンの連中などに話をしたら乗ってくれ「面白いからやりましょう」ということになった。ところが現地と話を詰めていくと、足りないのは校舎ではなく教師。小学校の先生は大忙しで二部授業を繰り返しているという。自らの生活もあるから休む間もない。それなら小学校建設ではなく、学生を連れていって算数などの教科を教えようという話に発展した。グローバルスタディの始まりである。授業で社会貢献が必要だと言葉で教えたところで学生には伝わらない。実際に現地に行き、肌で感じなければリアルな学習はできないのである。

「君は世界のどこでも生きていける」

関西国際大学のグローバルスタディは、東南アジアを中心としたアジアがほとんどである。ヨーロッパのプログラムはゼロである。大学の設立目的が「アジア・太平洋時代を見据えた人材育成」にあるからだが、私自身のアジアでの留学体験も大きく影響しているようだ。ちなみに日本の貿易相手国をみると、アメリカは一〇～一二%、ヨーロッパは八%ほど。これに比べて東南アジアを含む東アジアは四五%である。この意味で、東南アジア重視のプログラムはかなり意図的であるといっていい。これからは、アジアの人たちとどう理解し合えるか、良き友達になることができるかどうかが現在の学生たちの世代には求められるはずだ。

昨年のクリスマス、ほぼ四〇年ぶりにフィリピンのミンダナオ島を再訪した。まず、当時とは緊張感がまるで違うことに驚いた。極めて平時に近いのである。外国人観光客が多いホテルやショッピングパークの入り口では検問が行われていたが、あくまで形式的なもの。当時の厳戒態勢とはまるで違う。このような形式的な検問が行われているのは、かなり離れたところにＩＳ（イスラム国）の兵士がいるかもしれないというのがその理由。いずれにしても直接的な脅威があってのことではない。

四〇年前、よくこんなところに二〇歳にも満たない学生を連れていったものだと、当時の神父さんの〝度胸〟に改めて感心した次第。治安の不安定さやリスク・マネジメントを考えると、現在ではとんでもない話なのだが、この異文化体験が私には何よりの勉強になったのである。「Ａｔｓｕ、君は世界のどこに行っても生きていける」……苦笑いを抑えつつ、マシー神父に感謝したのである。

海外に出るのはもちろんいい経験である。当然失敗の体験も大切である。学生を預かる身になってからは当然危機管理には慎重にならざるを得ないが、ただ安全でぬくぬくとしているだけでは意味がない。小さな失敗を周囲と共有したり、周囲もそれに刺激を受けたり。これこそが、ハイ・インパクト・プラクティスに近い学習の形である。海外での研修は、能動的な学習や教室外の活動などを通じて、学生に強いインパクトを与えることを目的とした教育プログラムであることは間違いないだろう。

海外で学ぶ「グローバルスタディ」を必修化。航空運賃は大学が負担

これからの社会では汎用的な能力が重視される。専門職に就こうが、一般的な事務、あるいは対人接触をする職業に就こうが、必ず来るであろう時代の変化（AIの発達など）に対応できる人材、学んだ知識と経験を使いこなせる人材が求められている。私も、そのような能力とスキルを備えた人材が育つことを願っている。

本学は、異文化に触れ、多様な価値観を学ぶ「グローバルスタディ」に力を入れている。世界の人々の多様な価値観を理解し、自ら考え、行動できる人材を育成するための「体験」を中心としたプログラムである。アジア・太平洋地域を中心にアメリカ、中国、フィリピンなど一二の国と地域の五一の大学と協定を結び、体験型研修を実施している。必修化し、海外研修は航空運賃を大学が負担して原則全学生（看護学科は選択）に機会を提供している。

「グローバルスタディ」は、汎用的な能力を鍛えるのに欠かせないプログラムである。教育系、福祉系、看護系、防災系の学部に関わらず、全員が海外に出て行って現地を体験する。開設を予定している国際コミュニケーション学部では、全員半年以上は留学してもらう構想を描いている。

汎用的能力、つまりいざというときに、解決のために何が課題なのかを発見したり、どのような

知識を駆使すべきなのかを瞬時に判断するためには、机上の理論だけでは不十分である。単に教員から話を聞いたり、レクチャーを受けたり、資料を調べているだけではだめなのだ。現地に赴いて、あるいは地域に足を伸ばして、直接地元の人の話を聞いてみることが何より必要だ。直に現場の空気に触れることが大切なのである。異文化の人々と協力する能力を養うのだ。これを普段よりも大きなスケールで行うのがグローバルスタディである。つまり、将来的に「世界に学び、社会で活かす」ことを目的としているのである。

海外研修はもちろん海外旅行ではない。直接現地の学生や地元の人と触れ合う環境の中で学ぶのが狙い。毎年本学から、四〇〇～四五〇人が、海外プログラムに参加している。

一方、地域社会や地域の企業との連携を重視する「コミュニティスタディ」では、社会貢献活動やインターンシップなどを通して現場におけるマネジメント能力を養っている。後述する「学生支援型ＩＲ」のように、学生が主体的な学修を継続してできるサポートシステムで、それらの学修プログラムをバックアップしているのである。

3　学修のセルフチェックや目標設定ができる「KUIS学修ベンチマーク」

本学で実施しているルーブリックを簡単に紹介してみる。KUIS（クイズ＝Kansai University of International Studies）学修ベンチマークがそれである。これは、学修のセルフチェックや目標設定ができる学修成果の目標。学生の知識をリフレッシュしつつ、潜在的な力を育てるための目標を具体的に示すもの。時代が変化しても使い減りしないツールでもある。

卒業までに身につけるべき六つの能力を設定し、四年間の計画を自らが作成する。一年次より卒業後の進路を考え、四年間の学びの目標とそのための具体的なアクションプラン。アドバイザーの教員のバックアップを受けながら随時チェックし、目標達成に向けて努力するためのベースになるものだ。いわば卒業後を見据えた未来への設計図である。

ここでは次の六つの力・資質を身につけ、総合的に活用できる人材の育成を教育目標にしている。その力・資質とは、「自律的で主体的な態度（自律性）」「社会に能動的に貢献する姿勢（社会的貢献性）」「多様な文化やその背景を理解し受け容れる能力（多様性理解）」の三つの態度的な能力。これに加えて、「問題発見・解決力」「コミュニケーション能力」の二つの汎用的能力と、専門分野ごとの「専門的知識・技能の活用力」である。

自らを律しつつ他者に貢献できる人間になるために、次の三点を重視している。

1．自律的で主体的な態度（自律性）　自分の目標を持ち、その実現のために、自らを律しつつ意欲的に行動することができること。

2．社会に能動的に貢献する姿勢（社会的貢献性）　集団や社会のために他者とともに行動し、貢献することができること。

3．多様な文化やその背景を理解し受け容れる能力（多様性理解）。世界に住まう人々の文化や社会が多様であることの理解を深め、世界市民として行動できること。

社会で活躍できる力を身につけるためには、以下の三つのポイントを重視している。

1．問題発見・解決力　根拠に基づいて、問題を発見したり解決のアイデアを構想したりする思考力や判断力を身につけ、問題を解決することができること。

2．コミュニケーション能力　国内外を問わず、社会生活の様々な場面で、他者の思いや考えを理解するとともに、自分の考えを的確に表現し、意見を交わすことができること。

3．専門的知識・技能の活用力　自ら学ぶ学位プログラムの基礎となる専門的知識・技能を修得し、実際を想定した場面で活用することができること。

上記の要素を表の縦軸に置き、それぞれの到達度を横軸としてレベル1～レベル4の四段階で評価を示している。付記として、具体的に実践する場面例とエビデンスとしての達成根拠を添えている。例として項目一の「自律性」についてみてみよう。

レベル1～やらなければならないことを、決められた期日までにやり遂げることができる
レベル2～やらなければならないことを、計画を立てて最後までやり遂げることができる
レベル3～自ら目標を持ち、主体的に計画を立て、進行状況を確認しながら実行することができる
レベル4～自ら目標を持ち、主体的に計画・実行・確認を繰り返し、経験を活かしながら新たな課題に挑戦することができる

「具体的に実践する場面例」としては、
・日々の学習計画を振り返る時
・実習で課題に取り組む時
・学園祭など、大きなイベント
・リフレクション・デイで半年ごとに振り返る時など

「エビデンスとしての達成根拠」としては、
・ラーニング・ルートマップ
・スケジュール
・eポートフォリオ（ネット上にアップされた成長確認シート）
・eポートフォリオ記事（自律的で主体的な経験）

以上のように、これらの力・資質の到達度を確認するためにレベル別の到達基準を示したのが「ＫＵＩＳ学修ベンチマーク」である。本学では、学生が「大学での学び」を通じてどの程度成長したかを定期的（半年に一度）に振り返る機会を設けている。これが、リフレクション・デイ（「リフレクション（Reflection）」とは「振り返り」という意味）である。この日は、テストやレポートなどが学生に返却される。そして、自らが立てた学生生活における目標を客観的に振り返り、現時点での到達点を確認するのである。学修成果物に対しての評価、ルーブリック評価の結果などを学生たちにフィードバックするのである。多くの大学では、テストやレポートはほとんど返却されない。点数だけが与えられるのが普通だが、それでは本来的な意味での成長には繋がらないとわれわれは考えるのである。

学生はリフレクションを通して、自分の得意な点「何ができるのか」や、苦手な点「何ができていないのか」が明確になり、新学期に向けて新たな目標設定や履修計画に役立てることができる。目標の達成状況を自らチェックすることで、自己評価能力を養うことも可能だ。振り返りの結果を手がかりに、学修や生活の工夫改善を行いながら、社会で必要な力を修得していくのである。

評価プランを構成するにあたっては、学生個人レベルと学位プログラムレベル、大学レベルというふうに分け、卒業研究、到達確認試験、学修ベンチマーク、それと通常の成績評価、これらを個人レベルと学科レベル、大学レベルで把握していく。前述した六つの項目の達成度についても、一般的な知識の獲得と汎用能力を分けつつ、ルーブリック評価を行うのである。

ベンチマークにおける汎用的能力は五つあるのだが、四段階でまとめている。組織目標は、レベル三。レベル四はかなり高いので、レベル三に組織全体として八割が到達してもらうことを目標にしている。だが残念ながら、レベル三とレベル四の達成率が六〇~七〇%。一番高いのが、「世界市民としての対応性と理解」。一番低いのが「自律性」である。残念ながら大学全体としては、到達目標に達しているとはいえない。しかしわずかながら着実に成長している。これからに期待したいところである。

われわれは他大学と比較し、どこがどう優れ、どこがどう劣っているのかということに主たる関心はない。むしろ多様な学生が入ってくることにより、彼らの成長を促す施策をどう発見していくかに興味と関心を持っているのである。本質的に異なるものを比較しても、意味がないからである。

到達確認試験については、二年生までの専門知識の必修科目の中から出題するのだが、一回目で通った学生は、教育福祉学科のこども学専攻で三分の二、福祉学専攻で六割。基準に満たない者については、再試験を受けてもらう。この時点での不合格はほとんどないが、三年の終わりまでにGPAの基準、修得基準に達していないと、卒業研究できない設計になっている。卒業研究の評価はルーブリック評価を基準にする。このようなシステムが本学の大まかな評価プランである。

学習者に評価をどうフィードバックするのか

ルーブリック評価のカリブレーション（一貫した評価をするための、評価の観点などの話合い）を実施したことがある。三〜四人のグループで、例えば四段階で評価を聞くと必ずバラつきが出る。四〜三、あるいは二と出る。そこでカリブレーションを行う。どうして四を付けたのか。どうして二だったのか。それを尋ねて再度評価をしてもらう。すると四、三という評価は出ても、四、二というようなバラつきは修正されるのである。

これはスキーのジャンプ競技の跳型点の審判方法と若干似ているかもしれない。五人いる審判員の最高点と最低点をカットして、残りの三人の審判の採点を平均するのである。

人間が人間を評価するには、これくらい多元的で、定性的に評価しなければならないのではないだろうか。GPAというのは一〇点未満を捨象するための評価で、これが現実的だと思われているのに、なぜ一〇〇点満点の点数で刻むのか。一元的な偏差値の強引性も含め、評価そのものの考え方が間違っているのである。肝心なのは、なぜこのような評価を付けたのかということを学習者にフィードバックすることである。しかし、点数を付けたままで終わってしまうケースがあまりにも多いのではないだろうか。人間が人間を評価するという原点に立ち返って、考えてみる必要があるのではないだろうか。

学生の自己評価能力をどのように高めていくのか

ルーブリックの作成方法は様々である。大学によって独自の工夫が凝らされているが、「ＴＯＥＩＣ」や「ＴＯＥＦＬ」などの外部テストに加え、ルーブリック、ポートフォリオ（学修記録）などで直接的に学習成果を測定するのが一般的だ。

間接的な評価には、学生の行動調査や学生満足度調査などがある。間接的評価は、学生たちの経験を通して推論するもの。だから、学修成果がどれほど身についているかは、この場合は分からない。ここで直接的、間接的という言葉を用いたが少し説明が必要であるかもしれない。直接的というのは、外部テストや、ルーブリックの評価レベルなど、つまり直接的なエビデンスに基づきアドバイザーやインタビュアーなどが質問調査や学生調査などを行った上で評価すること。間接的評価というのは、学生が自分自身で成長したかどうかを自己評価するもの。学生たちの経験を通した推論で、学修成果がどれほど上がったかは分からないと述べたのはこの意味である。

大学関係者は、学生たちを評価する対象と考えがちである。評価対象でしかない学生たちは、自ら持っている評価能力を自覚することなく、社会に出されてしまう。伝統的な日本の大学は、学生たちを評価することはあっても、学生たちの評価能力を高めることにどれだけの注意を払ってきたのだろうか。この点はこれからの重要な課題である。

なぜ学生たちは卒業し社会に出ていく時、大学の成績が評価されないのだろうか。一方で、高い評価を受けて大学を卒業したが、社会から認められることなく、受け入れられない学生もいるだろう。そんな彼らは、社会の入り口で失望し、自信を失ってしまう。そして職を転々と変えることになるのだ。このような悲劇を繰り返してはいけない。このことは、大学関係者自身が改善していかなければならない、今後の大きなミッションである。学生の自己評価能力をどのように高めていくのか……これからの大きな課題なのである。

4　先駆的に取り組んだ学生支援型ＩＲ

近年、大学におけるＩＲ（インスティテューショナル・リサーチ＝Institutional Research）が注目されている。そして、多くの大学でＩＲ部門の設置が進んでいる。ＩＲは一九六〇年代からアメリカで普及してきた考え方で、日本で広く知られるようになったのは二〇〇〇年代に入ってから。当初は、大学が自らの目的・目標に合致した教育研究活動を実践できているかどうかを自己点検・評価するのが目的だった。だが、外部評価を受けることが義務づけられてから、急速に普及したのである。

その後、〇八年には中央教育審議会が大学教育の改善案を文部科学大臣に答申（「学士力答申」）する。この中で、各大学が学位授与の方針（ＤＰ＝ディプロマ・ポリシー）や、それを実現するための教育課程編成・実施の方針（ＣＰ＝カリキュラム・ポリシー）、資質のある人物を選抜するための入学者受入方針（ＡＰ＝アドミッション・ポリシー）の三つの方針の明確化を求められ、日本におけるＩＲの普及が大きく進むことになる。

ちなみに「三つの方針」は、一六年三月文部科学省が学校教育法施行規則を改訂し、大学における教育の質の向上やそれによる学修成果の向上を目的とした「三つの方針」を策定し、一七年四月までにその公表を全国の大学に求めたのである。ちなみに本学では、それよりも一〇年ほど前にすでに策定済みであった。

本来ＩＲは、データを活用した大学経営戦略の意思決定までを含む広い概念である。だが、以上のような経緯から、日本においては教育活動の質の向上に力点を置いて進められてきたのである。

学生支援型IRの先駆者としての実績

本学では九八年の開学と同時に、全国初の「学習支援センター（現在の学修支援センター）を設置し、学生の学びをサポートする体制を整備していた。その後も初年次教育のためのプログラムの開発、ポートフォリオの導入、学びの達成度を確認できるベンチマークの作成など、ＰＤＣＡを機能させながら学生の力を確実に高められる仕組みづくりに先駆的に取り組んできた。〇四年には高等教育研究開発センターの下部組織として「評価室」を設置。いち早くデータを活用した自己評価の取り組みをスタートさせたのである。ＩＲのデータは、データの収集それ自体も国立大学などとは違った独自の方法で行っている。データは、学生一人ひとりをきめ細かく指導するために活用するものだが、全学的な教育プログラムの改善にもフィードバックして活用されている。

このような「学生支援型ＩＲ」の蓄積を活かし、一二年には、本学が代表校として、淑徳大学、北陸学院大学、くらしき作陽大学と連携した「主体的な学びのための教学マネジメントシステムの構築」への取り組みが始まった。文部科学省の大学間連携協働教育推進事業の選定を受けて、教育プログラムの充実や、学修成果の評価方法の開発などに取り組み、成果を上げている。一三年には「大学ＩＲコンソーシアム」（全国四一大学）に加盟。さらに他大学との連携を広げている。

一六年に本学を含め四大学二短大で始めた大学連携が、一八年には、七大学三短大に拡大。地域を越え連携することになった。現在の加盟校は、関西国際大、共愛学園前橋国際大、淑徳大、大正大、富山国際大・富山短大、北陸学院大・北陸学院大短期大学部、宮崎国際大・宮崎学園短大。テストの開発・国内留学など教育力の向上に力を合わせる方向性が示されている。教育プログラムの連携や交流、単位の互換なども予定されている。同時に加盟校間で入学生の追跡調査の結果の共有、教育の成果やキャンパス環境などの調査データの共有なども実施されることになっている。これらのデータをビッグデータ化し、有効に利用することも同意されている。また、地方や地域を意識した地方大学の教育力の高さを共同でアピールしたり、各大学がそれぞれの地元にとって欠かせない存在になるよう、多様性を大切にしながら課題を解決していく方向性も打ち出されたのである。学生支援型ＩＲの重要性はますます高まっているのである。

学生支援型ＩＲの先駆者として二〇年にわたる実践経験を基に、さらに新たな取り組みにチャレンジし続けていく方針を改めて確認しているところである。

中教審の委員を引き受けたわけ

きっかけは、文科省に設置審議会が設置される時だったと思う。小泉改革のいわゆる規制緩和により、大学の設置基準が大幅に変更されたのだ。それは「〝事前規制〟から〝事後チェック〟へ」という方向性を持った規制改革。大まかにいえば、それまでの認可中心主義から、留意事項をつけながらとりあえず認可するというもの。そして事後チェックとして、認証評価と設置審査のアフターケアを行うというものであった。そして、履行状況委員会（大学設置・学校法人審議会の設置計画履行状況等調査委員会）、いわゆるＡＣ（アフターケア）委員会というのができたのである。それまでは、大学の設置を認可するかどうかは各分野の専門委員とその上部組織である審査会が担っていた。状況は大きく変化したのである。

そこである人を介して紹介されたのだ。「現場に詳しい高等教育研究者を求めている。協力してほしい」という要請であった。

私は、ほぼ三〇年間、大学設置に関するリアルな現場にいた。大学院に在籍していた時には父から促されて短大づくりに奔走していたのである。申請書作成なども私の担当だった。大学設立の準備室を開設（一九九四年）した時も、カリキュラムの作成はもちろん、大学設置の申請書も私が書いていた。

私は、お誘いを受けることにした。国の教育行政に微力ながらお役に立てることを光栄に感じてもいた。その一方で、大学設置に関するリアルな現場にいたことも影響していた。前に述べた大学院時代から申請書などの作成を通じて、その手続き、認可の基準などに疑問を感じる部分もあったからである。そして何より設置基準が甘いために後に問題が生じるケースも少なくなかったのである。

当時の大学設置審議会というのは、専門分野で名を馳せた方々ばかり。いわばその分野で一流の人たちである。だからというわけではないが、大学の現場にいる高等教育研究者の出番というのはほとんどなかったに等しい。

東京地検特捜部が来た⁉――煙たがられる存在

『論語』の「義を見てせざるは勇なきなり」の気持ちもあったかもしれない。求められ、しかも人としてなすべきことを知りながら実行しない。それは勇気がないからだとは、思いたくもないし、思われたくもない。

そんなこともあって、お誘いをお受けしたのである。三〜四人だったか、高等教育研究者も紹介した。そして、大学設置認可後のアフターケアを担当することになったのである。いわゆるＡＣ委員会。認可はされたけれど、留意事項が付けられ、問題があった大学。その大学がちゃんと問題点を改善して、あるいは改善の努力をしているかをチェックする委員会に最初に入ったのである。気づいてみると最後まで残ったのは私一人。結局一〇年間ＡＣ委員会に所属することになったのである。

その後、アウトカム（出口→卒業後）が大事であるという意識を持ち始めた頃だったが、多様化してきた高等教育にあって、高大接続に繋がる初年次教育の必要性を強く意識するようになる。そこで高大接続のワーキンググループに協力したり、初年次教育学会を作ったり。テストの開発も含め、入試との関わりも生まれてきたのである。

余談だが、ＡＣ委員会の延長で学校法人運営調査会の委員も兼務している。大学を持つ学校法人への実地調査を行うのだが、私はどういうわけか〝手ごわい〟（問題を抱えている）ところに行かされるのだ。そして、とても煙たがられる。というのは、こちらとしては問題点を改善して、健全な教育活動と法人経営をしてもらいたい一心で心を鬼にして発言したり、問題点を突いたり、時には暴いたりもする。やましいところがある学校からみればこれほど嫌な存在はない。敬遠されていると肌で感じることもある。東京地検特捜部のような役割でもあるまいが、誰かがやらなければならないと、改めて感じる次第である。

教育改革に反映された提案は多い

中教審の関わりでいえば、かれこれ四期目になる。前述のように最初はＡＣ委員会だったが、高等教育政策の現在の改革路線には、それなりに影響を与えたのではないかと自負している。例えば、「学士課程教育の構築に向けて」では、大学の自主性・自律性を尊重しつつ、学修成果や分野別の到達目標の設定、高大接続の改善などを目指した「学士力答申」。この答申の骨格には、本学のベンチマークと社会的基礎力の考え方が反映されている。例えば、アクティブ・ラーニングの必要性や、前にも書いたが三ポリシーの導入などは、私が言い出したものである。それが採用されている。

改革路線の方向性自体には、少なからず貢献したのではないかという意識を持っているのだ。

四期目になり、いささか思うことがある。中教審の組織性と方向性についてである。慣例だから仕方がないのだが、多少違和感を覚える部分がないわけではない。というのは、基本的には文科省政策、文教政策というのは、それ以前に出された答申を否定しないという大原則がある。政策としての連続性を担保するためだが、万一間違えても元に戻せない仕組みになっているのだ。改善はするが、否定はしない。言い換えない限りにおいては過去に縛られかねない。もっと柔軟性を持つことができないものだろうか。

大学設置基準も、例えば、私立大学の大幅な収容定員の増加の問題がある。是正の方向に進むとはいえ、現行の大学設置基準はスケールメリットになっている。つまり、規模が大きいほど得られる利益や効果が増すのである。入学定員と基準教員数の関係からみてもそうなっている。専任教員一名あたりの学生数は大手私大が多い。学生対応を細やかにしたり、専任教員による少人数授業を多く設けたりするのは困難であるが、大都市部の大規模大学に有利な仕組みになっているのである。この形を抜本的に直さないまま、小手先の数字の変更だけで運用し続けていていいのだろうか。地方の小規模大学はますます疲弊するのではないか、心配なのである。「大学の数が多すぎる」といった声が聞こえてくるが、市場原理で大都市圏の大学が残り、地方の中小私学が消滅すれば、日本社会はよりよい社会になるのだろうか。

一八歳人口の減少期が待ったなしになる前のこの二〇年間に、高等教育の構造改革を適確に進められなかったことが、こうした議論の背景に潜んでいるのである。

一つは、社会人を高等教育の学習者として招き入れることに成功しなかったことである。最近になって「社会人の学び直し」や「リカレント教育」が話題になるが、時間、場所、費用、内容という社会人の学習障壁を具体的に取り除く取り組みは、文科省の枠内ではできず、対応は不十分なままであった。費用は学習者個人負担に頼り、他についても本格的な政策ができていないのが実情である。

もう一つは、海外展開の出遅れである。留学生数を増やすことは一定の成果が上がっているものの、その内訳をみると大学生数はそれほど伸びておらず、日本語学校や専門学校ほどではない。海外展開の遅れとは、海外に日本の大学の分校やサテライトキャンパスを作るということができていないということである。日本語は日本でしか使われず、海外では日本人対応の職場しかない。日本語を完全習得するには日本で学習や生活しなければ難しい。しかし、学部四年は長い。編入学や大学院、専門学校という選択肢は年数の影響が大きい。しかし、他国の高等教育機関は、現地に分校やサテライトキャンパスを設け、現地の高等教育機関化（例えば、専門学校としての現地化）をして、そのまま現地で自国の教育内容を展開したり、優秀者や希望者を途中で自国の本校に転学させたりして、留学生を確保している。

こうした構造改革を先送りしてきたことが、一八歳人口減少期の大学の経営危機の背景にある。

三学部を五学部一三専攻へ

一九年度開設に向けて準備を進めているのが、学部学科の改編である。これまでの三学部（教育、人間科学、保健医療）を五学部（国際コミュニケーション、教育、経営、人間科学、保健医療）に増やし一三専攻の開設を構想している（**図3—1**）。

学部、専攻を明確にし、入学希望者に学習の目標や内容を分かりやすく伝えることが目的。専攻を重視することで入学から卒業、就職までのルートを確立して、将来の方向性を見据えた一貫した教育体制を実現したいと考えている。

例えば、「ビジネスコミュニケーション専攻」では、外資系企業や中高の英語教員などを目指す学生、「防災・危機マネジメント専攻」では、警察官・消防士などの保安系公務員を目指す学生、国際ツーリズム専攻では、インバウンドを始めとするツーリズム関係業界や、ホテル、ブライダル、ビューティなど観光のコンテンツでもある分野を目指す学生が専攻するなど、進路に応じて専門色の高いコースを選択することができるようになる。

専攻の選択についてだが、私は、入学時には専攻選択などはいらないと考えている。なぜなら、これは日本の大学教育の良くない点であるが、大学で学びたいことや将来やりたいことが十分に定まっていない入学時の段階で専攻学科を決める必要はない。一年生終了時までにじっくり決めればいいこと。だから本学では、専攻を一年生終了時に選択できるようにしている。入学後の一年間で自分の進路をしっかりと考えてもらうのである。

また特待生制度も設けている。「KUISオーナーズプログラム」がそれだが、優秀な学生の学費免除や留学費用の補助などを行っている。

また、これからの社会に必須となるのが「安全・安心」である。「安全・安心」の教育にも積極的に取り組んでおり、二〇一六年には「セーフティマネジメント教育研究センター」を創立。全学部で防災士資格取得を目指すことができるようにしている。

国際コミュニケーション学部　英語コミュニケーション学科
　ビジネスコミュニケーション専攻
　国際地域文化専攻

教育学部　教育福祉学科
　こども学専攻
　福祉学専攻

経営学部　経営学科
　地域マネジメント専攻
　防災・危機マネジメント専攻
　国際ツーリズム専攻

人間科学部　人間心理学科
　心理カウンセリング専攻
　犯罪心理学専攻
　災害心理学専攻
　産業心理学専攻

保育医療学部　看護学科
　看護学専攻
　看護グローバル専攻

図３－１　2019 年度からの学部改編

「自分に合った大学」とは何か？

日本の七六七大学を評価した『大学ランキング二〇一八』（朝日新聞出版）の中で、各大学の学長が評価する「注目する学長」で私が前年度に引き続き七位にランクイン。また、「教育面で注目」される大学として全国一二位。関西エリアでは、近畿大学、立命館大学に続き三位にランクインしている。ありがたい話ではある。だが、まだまだ内実を強化していく必要に迫られているのが現実だ。ただ、やるべきことをやってきた評価であるというふうに、素直に受け止めることもできる。少なくとも、これまでにやってきた方向性は間違いではなかったと、確認できる評価でもある。さらに精進を重ねる決意を新たにしているところである（**表3―1**）。

よく「自分に合った大学」などという。では、自分に合った大学とは何か。これは一言で言い表すことはできない。だが、次のようにいうことはできないだろうか。あるタイプの学生なら、それにフィットするプログラムを受けることで伸びることができる――このような学修の方向性を示してくれる大学。その大学こそ「自分に合った大学」なのではないだろうか。大学は具体的に、学生の学びの方向性を示すべきなのである。

本学教育学部を定年退職したある教員の言葉が印象的だった。「（本学）学生は、モチベーションも高い、性格もいい、挫折経験もあるので教員に向いている。足りないのは高校までに勉強をして

表３−１ａ 「学長からの評価〜注目する学長がいる」

順位	大学	学長（総長）	人
1	京都大	山極壽一	84
2	法政大	田中優子	46
3	筑波大	永田恭介	31
	共愛学園前橋国際大	大森昭生	31
5	国際教養大	鈴木典比古	25
6	金沢工業大	大澤敏	21
7	関西国際大	濱名篤	17
8	東北大	里見進	16
	松本大	住吉廣行	16
10	名古屋大	松尾清一	15
	近畿大	塩﨑均	15
	国際基督教大	日比谷潤子	15

表３−１ｂ 「学長からの評価〜教育面での評価」

	大学	人
1	金沢工業大	69
2	国際教養大	64
3	国際基督教大	40
4	東京工業大	27
5	共愛学園前橋国際大	26
6	立教大	21
7	立命館アジア太平洋大	20
8	近畿大	16
9	立命館大	15
10	愛媛大	14
11	上智大	14
12	関西国際大	13
13	京都大	12
	追手門学院大	12
	武蔵野大	12
	早稲田大	12

（朝日新聞出版　「大学ランキング 2018」）

こなかったということ。それだけだ。伸びしろは満点だ」と。同感である。本学の学生たちは行動力、実践力があり、その教員が指摘したように、伸びしろが大きいと常々感じていた。教員採用試験や看護師国家試験の合格率も随分高いことから、本学での学びの中での気づきが大きいことが伺える。多くの実践的なプログラムを用意しているこの大学でたくさんの経験を積み、自分の可能性を見出し、社会に羽ばたいていただきたいと思っている。

第4章　多様な学生をどう育てていくのか

1　多様な学生をどう育てていくのか

大学改革を推し進め、成功させることはもちろん大切だ。だが、もっと切実で現実的な問題がある。それは多様な学生とどう向き合い、その多様な学生をどのように育てていくのか、ということである。

ご承知のように「多様」とは、いろいろと種類の違ったものが混在していることを意味している。また、「いろいろなありさま」や「(その)様相」のことでもある。多様な数多くの学生が大学に入ってきたのは、大学のユニバーサル化の進行による、いわゆる「大学全入時代」の到来に伴う現象である。ひと昔前なら大学を目指さなかった若者たちも含まれている。進学率の上昇とはこのような現象を伴うのである。学力、学習習慣、学習動機、学習意欲のバラつきが大きくなっているのだ。多様というのはこのような学生が多くなっているということなのだ。ではこれらの現象は、悲観的、否定的にとらえるべきものなのだろうか。私はそうは思わない。

高校の進学率が九八％。そのうち九五％が卒業し、一八歳人口の七割以上が短大を含めた大学で学ぶ時代である。私の大学で、初年次教育を取り入れたのも、前述のルーブリック評価を採用したのも、こうした時代背景が大きく影響している。

高校と大学の学びのスタイルを繋ぐ初年次教育

初年次教育とは、高校と大学の学びのスタイルの違いを繋ぎ、大学教育やその大学への適応を促進するための教育プログラムである。彼らはこれまで一〇〇点満点主義で刻む一元的な尺度によって評価されつづけてきた。だがこのような単純な尺度では評価できない能力がある。人間の能力を一〇〇点満点で評価できると思っているのは、学校の教員だけかもしれない。彼らは、正解は一つという試験で、能力評価できると考えているようだ。しかし、実際の生活や仕事の中では、正解は一つとは限らない。定性的な（質的な）評価によって能力やものごとが判断されるからだ。

ルーブリック評価とは、定性的な評価に観点と基準を設定し、それをあらかじめ示した上でパフォーマンスした結果を評価する方式である。こうした評価方式であれば、学生たちの多様な能力、資質の伸びや変化を立体的にフォローすることもできるし、彼ら自身が評価に能動的に参加し、自らの成長を実感してもらうことも可能になる。

ここでは、初年次教育という教育プログラムが日本の高等教育において持つ可能性について整理しつつ、解決すべき課題は何かについても、人文社会科学系の大学新入生調査の結果を用いつつ、明らかにしたいと思う。

日本における初年次教育の可能性と課題

初年次教育という教育プログラムはアメリカ生まれである。「First-Year Experience」と呼ばれている。かつて「一年次教育」、あるいは「導入教育」と訳されていた。だが、最近は初年次教育と呼ばれるのが一般的になっている。アメリカ生まれであることから、日本への適応の可能性に疑問を呈する見方もあった。同時に従来から日本で行ってきた既存の教育を日本型初年次教育であると主張する見方も存在している。

初年次教育の必要性は、先程述べたように、日本の高等教育が従来の対象層と比べ予想以上に多様性を持った学生を対象にし始めたことと関係している。

一八歳人口の減少と相まって、「学力低下問題」が大きな社会的関心を集めるようになったのは、九〇年代末頃からだ。当初は、「学力問題」という認識から出発したが、実際には学力だけにとどまらなかった。学習意欲、学習目的、学習習慣、さらには規範意識に至るまで、問題の対象になったのである。高校卒業者の多数が進学するという「ユニバーサル化」に伴う様々な問題が、表面化してきたのである。

かつてアメリカの社会学者であるM・トロウが予測したように、進学率五〇％以上の「ユニバーサル・アクセス型」高等教育が日本にも到来したのである。そして高等教育機関は、これまでに経験したことのない多様性を受け入れざるを得なくなった。さらにこれまでの共通の〝水準〟に対して疑問符が付されるようになる。いわゆる〝スタンダード〟の喪失である。こうした状況に、どのように対処したらいいのか。

いずれにしても、これまでの大学教育のコンセプトやノウハウでは通用しないことだけは確かである。未知の領域に足を踏み入れた大学教育の新しい時代。このことを実感し、危機感すら抱いた大学関係者は、少なくなかったのである。

そこで注目されたのが、初年次教育である。アメリカで一九八〇年代以降普及し、現在二〇か国以上で採用されている。その内容を大まかに整理してみる。

1．大学生活への適応

2．大学で必要な学習技術の獲得（読み、書き、批判的思考力、調査、タイム・マネジメント）
3．当該大学への適応
4．自己分析
5．ライフプラン・キャリアプランづくりの導入
6．学習目標・学習動機の獲得
7．専門領域への理解

内容は多岐にわたり、実施する大学によって異なる。当然バラつきも大きくなっている。共通点は学習技術を教えることくらいかと見間違えてしまうほど、個々の大学によって工夫が凝らされているのだ。

多様性への対応にいち早く直面したアメリカ

初年次教育に関するアメリカの歴史的展開について簡単に触れておこう。

アメリカで最も古いハーバード大学の設立は、一七世紀前半。この時から二〇世紀に至るまで大学へ入学が許されたのは、特権的な白人の地主階級の男性に限られていた。だが、南北戦争、産業革命、第一次世界大戦などを経て、技術革新も社会構造も大きく変化する。高等教育も例外ではない。だが急速に変貌を遂げるのは第二次世界大戦から冷戦の時代。急速な変貌――それは高等教育の「民

主化」の動きである。アメリカ連邦政府が関連予算を成立させるのも、公民権運動も含めたこの民主化のパワーによるものが大きいといわれている。

六〇年代に入ると、もはや大学は特権階級や、一部の私立大学のものではなくなる。六〇年代の終わり頃には、大学入学者は八六〇万人に達する。これは六〇年の水準のほぼ倍である。つまり大学入学者の人数が倍になるような極端な事態が、一〇年に満たない歴史的時間の中で起きたのである。


想像を絶する勢いで、全米各地に新しいキャンパスが続々と建設される。まさに大学設立ラッシュである。これらの多くは二年で学位が与えられる「コミュニティ・カレッジ」だが、入学者の顔ぶれはまったく異なるものだった。驚くべきことにその多くが、これまで大学と縁が少なかった女性や低所得者の非白人なのである。かつてはほとんどが白人の上・中流階級で占められていた大学の様相は、著しく変化するのである。これほど短期間で、しかも人種的、社会経済的な多様性が急激に進行すれば、ある種の〝緊張〟を生むのは容易に想像できる。

六〇年代後半からは、ベトナム戦争に反対し抗議する運動がキャンパスでも行われるようになる。これらの抗議活動の中では、暴動と化し、死者を出す事態にまで至るケースも少なくなかったのである。

このような状況にあって初年次教育を主導したのが、サウスカロライナ大学のジョン・ガードナーである。七二年、彼は同大学に「University 101」という全米初の「フレッシュマン・セミナー（Freshman Seminar）」を開設する。初年次教育の先駆けとなるものである。契機になったのが、キャンパスに吹き荒れた学生運動。六〇年代から七〇年代は大学のマス化が急速に進行した時代でもある。肥大化した大学は官僚化し、学生たちとの信頼関係がまったくといっていいほど形成されていなかったのである。後に扱うが、大学の中退、あるいはリテンション（在籍継続）を研究するビンセント・ティントも初年次教育を別の側面からサポートしている。

アメリカにおける若年人口減少期の克服～初年次教育の定着と拡大

アメリカの高等教育機関は、日本より一〇年以上前に若年人口減少期を迎えた。高等教育機関は危機に直面する。心配されたのが全米的な規模で連鎖する大学の倒産。だがそれは克服された。では、どのようにしてアメリカの高等教育機関は、「大学倒産」の引き金となる若年人口減少を解決したのだろうか。

重要な役割を果たしたのが、マイノリティや女性たちである。彼（彼女）らは、入学可能な経済的な背景を持ちつつ大学進学を望み、大学も、古い慣習にとらわれることなく学生として受け入れたてである。そして予想されていた大規模な「大学倒産」という危機を免れることができたのである。しかも驚くべきことに、非伝統的な学生を対象にしながらもアクレディテーション（公的な外部機関による教育機関の質認証）による質保証の水準をクリアし続けてきたのだ。

極度の多様化は、質の低下を伴うのが普通である。だが、そうはならなかった。なぜ質は保たれたのか。その鍵を握るのが、初年次教育の定着と拡大であった。

アメリカの高等教育の水準の底支えに貢献した初年次教育。このアメリカでの事例が、一〇年遅れで同じような若年人口減少の危機を迎えていた日本の高等教育関係者に、初年次教育への関心を呼び寄せたのである。

現在も初年次教育は、最もセレクティブ（選別度の高い）なハーバード大学から、誰もが入学できる公立二年制のコミュニティ・カレッジに至るまで、広範なタイプの高等教育機関で導入されている。しかも、タイプの異なる大学で、それぞれが効果をあげているのである。これは驚異でさえある。

ちなみにハーバード大学では、現在新入生の三分の二がフレッシュマン・セミナー（新入生を対象にした支援プログラム）を受講するまでに初年次教育が普及しており、同大学のデレク・ボク・センター（Derek Bok Center）のウイルキン教授によれば、フレッシュマン・セミナーが一般教育の中核科目の一つとして位置づけられるまでに広がっているというのである。

多様化する学生をどのように扱い、卒業までもっていくのか

初年次教育と同様に、リメディアル教育に対する関心も最近になって高まってきている。リメディ

アル教育とは、大学教育を受けるために必要な学力を補う課外授業や補習授業のこと。学力が不足している学生の支援のために、大学が実施しているものだ。だが、困ったことに、本当にリメディアル教育が必要な学生ほど、課外や補習で提供されるこの教育プログラムを受講したがらないという皮肉な傾向が、アメリカでも日本でも共通して存在するのである。

受講の必要性やメリットを自覚している学生の場合はいい。だが、参加するだけで「できない学生」として、周囲から「スティグマ（烙印）」が押されるのではないかと危惧する学生が案外多いのである。他からマイナスの評価を受ける可能性のある補習授業に出席したがらないのは、その判断の是非はともかく、理解できないわけではない。だが、このような学生に対し、将来や現在の自分にとって〝必要な補習授業なのだ〟ということを納得させるのは容易ではない。

大学にこだわらなければ、それなりの大学に必ず入学できる状況を迎えつつある現在、「勉強しなくとも」「大学の授業を理解していなくとも」とりあえず大学に在籍しているだけで卒業できると考えている学生もいるのかもしれない。

そんな彼らに対し、「リメディアル」すなわち、「欠けているものを補習する」教育を受ける必要性と意味を、理性的にも、情緒的にも納得させるのは難しい。このような難題に直面している大学、つまり、入試難易度でみると中下位ランクの大学の悩みは深いのである。

多様化する学生にどのように向かい合い、卒業まで支援していくのか。ある意味で、藁にもすがる思いで初年次教育に活路を見出そうとしている側面も否定できないのである。

導入教育型だけの発想で十分なのか

初年次教育の内容やその方法については、世界共通の、いわゆる〃スタンダード〃なるものが存在するわけではない。社会構造や文化の違いによって、あるいは大学の状況や必要性に応じて、カスタマイズされる度合いは大きく異なる。つまり、内容・方法自体の標準型という設定は困難なのである。むしろ、初年次教育の中心的課題は「(大学を知らない)一年次生」を、「組織的に(全学もしくは学部レベルで)」、大学生活と大学での学習に「円滑に移行」させ、「成功への道筋をつくる」ことにある。そして有効な成果を得るためには、各大学が持っている固有の哲学と独自のペダゴジー(教師主導型学習の理論と実践)に基づいて行われる必要性がある。つまり、大学の状況に適応しつつ、円滑に中等教育から高等教育への「移行」を図ることが、初年次教育の最も重要なテーマなのである。

大学入試後の「進路挫折」と初年次教育の可能性

日本の中退率は一一%程度である。こんなこともあってか、中退率やリテンション率(学業継続率、一年生から二年生へ大学をやめないで進級する学生の割合)は、日本の高等教育関係者にとって、深刻な問題として意識されていない。しかし、中退率と他の進路問題を関連づけて考えてみると問題の大きさに気がつく。その第一は進路未決定者の問題である。

文部科学省の「学校基本調査（平成二九年度）」によれば、平成二九年三月の大卒者五六七、七六三人の卒業後の進路をみると、就職四三二、三三三人（七六・一％）、進学（大学院、外国の学校、専修大学などを含む）六七、七三四人（一一・九％）である。これ以外の、一時的な仕事に就いた者九、一八三人（一・六％）と「進路未決定者」四四、一八二人（七・八％）を合わせると一〇人に一人である。彼らの多くが、フリーターやニートと呼ばれるわけである。近年の景気回復によってフリーターやニート問題は話題に出にくくなった。大卒よりも中学卒、高卒、高校中退者の方が多い上に、むしろ人手不足が話題になる状況は大きな変化である。

しかし念のため大卒の進路未決定者について、学部分野別卒業生数の上位三分野の「進路未決定者」と「一時的な仕事に就いた者」を比べてみよう。人文科学卒業者八三、九二七人の一二・五％と社会科学一八七、二九二人の一〇・〇％とは、工学八七、五四二人の四・一％と比べ二倍以上の高倍率となっている。合計すればこれら二分野の卒業生の約一割に相当する。私学が多数派を占めるこれらの分野においてより深刻な問題である。

第二に、短期離職者の問題である。大卒者の三年未満離職率は三二・二％（一年目一二・三％、二年目一〇・六％、三年目九・四％　厚生労働省・新規学卒者の離職状況二〇一四年）であることを考えれば、就職した卒業生（七六・一％）の三分の一にあたる、大卒者全体の二四％近くが離職する可能性がある。なお、過去五年の実績からいえば、いったん正規従業員をやめて再度正規従業員に就ける者は六二・五%。だが一方、いったん非正規従業員になった者が正規従業員に就く比率は二四・八%に過ぎない。

これら二つのデータをまとめると、社会科学分野や人文科学分野では卒業生の三・五割がフリーターやニートのような不安定雇用を経験する可能性があると推定できる。キャリア教育が取り組むべき課題の裾野の広さ、難しさが理解できる。

これに加えて、中退者の存在である。前述のように、日本の大学における中退者率は一一%だが、これら中退者を、卒業後の進路未決定者と短期離職者に加えると、人文・社会科学系の大学入学者の五割以上が、大学入学の一八歳から卒業後三年の二五歳までの七年以内に「進路挫折」(キャリア選択で大幅な軌道修正や挫折)を経験するリスクが存在することになる。

これらの問題に通底しているのは、これまでの就職についての「常識」が通用しなくなっている点である。すなわち、一流企業に就職し、より豊かな生活や社会的成功を収めるという「夢」が、社会的に共有できなくなってきているのかもしれない。

これに加えわれわれを震撼させたのが序章でも触れたが、オックスフォード大学のオズボーンとフライによる〝消滅する職業〟についての予測である。一三年に公表されたオズボーンとフライによる消滅する職業についての予測は日本でもその後紹介され大きな反響を呼んだ(Carl Benedikt Frey

& Michael Osborne ,The Future of Employment, Oxford Martin School 2013)。科学技術の発達とともに、これから一〇〜二〇年のうちに人工知能やロボットなどに取って代わられる職業に従事しているのがイギリスの労働人口の三五%、アメリカで四七%に達する。この予測方式を踏襲した野村総研が日本の六〇一職種を対象に分析した結果では、四九%の職種が取って代わられるという結果となり、大きな衝撃を与えた。国民の半数が職種転換を余儀なくされるほどの大規模な職業構造変動が起こるという予想がなされているということで、就職しても将来、社会人としての学び直しをしなければならない事態が待ち構えていることになる。

経済産業省は、野村総研とオックスフォード大学の研究結果を基に、職業の類型を九つに分け、今後一五年間の日本の従業者数の推移を分析した。そこでは現状放置シナリオと変革シナリオの二パターンを示し、例えば、高度なコンサルティングを伴う営業・販売職は変革シナリオに基づくと、二〇三〇年度までに一一四万人増えると予想する。ビッグデータの活用で顧客の需要の把握や新しいサービスの創出が可能になり、こうした技術を使いこなせる人がますます必要になると分析している。

一方、「ビッグデータを生かした新たな顧客サービスの創出が進まないと、高度なコンサルティングを伴う営業・販売がいまより広がることはなく、従業者数も六二万人減ってしまう」（日経新聞二〇一七年四月二七日）といった予測も発表されており、この記事は現在従業する人々にとって雇用継続性や現在の知識だけでは済まない情勢を示している。

最近、キャリア教育専門家からこんな見方も出始めている。それは、こうした学生たちに自らのキャリアを考えてもらうヒントが初年次教育にはあるのではないかということである。学生を就職という「出口」から目標に向けてナビゲートしようとしていたキャリア教育と、「入口」近くの段階で、新入生を大学生活に円滑に移行させ、さらに就職への意識にも繋げようとする初年次教育が、意外に近い位置関係にあるのかもしれないということである。しかし、就職が将来保証の「出口」でないとすれば、さらにライフプランまでを初年次教育から考え始めることが必要になってきたということかもしれない。

大学新入生の「移行」をめぐる課題はどのように解決されるのか

日本の場合、高校から大学への円滑な「移行」に成功してきたのだろうか。

私たちの研究グループは、科学研究費の研究助成（基礎研究B（1））を受け、大都市近郊の国私立大学五校の人文・社会科学系の学生を対象に、大学初年次（〇三年四月、六月、一〇月）と二年次（〇四年一二月）に質問形式のアンケート調査を行った。この調査は、四年間を通じて同じ学生個人を特定して追跡するという、パネル調査方式で実施されたものだ。この調査方法の利点は、全体の時系列変化だけでなく、学生個々人がどのように変化していくかも追うことができる点にある。ここでは二年次までのデータを活用しているが、調査自体は卒業まで継続している。少し古いデータではあるが、学生が直面する問題に大きな変化はない。あくまで参考としてこのデータを使わせて頂くことにする。

最初に、入学直後の新入生がどのようなことで大学生活に戸惑いを感じるのか。**図4―1**によると、四月の段階では、単位制度や履修登録の仕方などの「大学の仕組・制度」に新入生の過半数が困っていることが分かる。次いで、九〇分前後と高校時代の二倍近い「授業時間の長さ」である。こうした「大学の制度」に対する適応が大学生活適応のための最初の関門となっている。

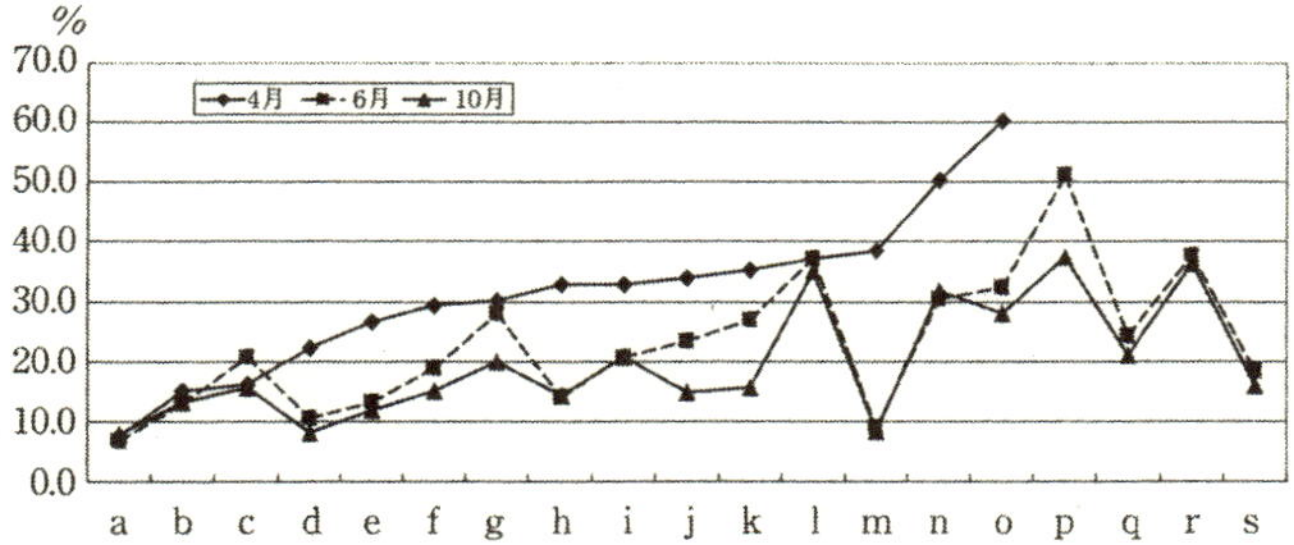

a. 悩みごとの相談相手がいないこと
b. 先生との接し方
c. 授業に出席する程度
d. 証明書の発行や手続きの仕方
e. 友人がいない・少ないこと
f. コンピューターの使い方
g. 予習や復習の程度
h. 学内の施設・設備の場所や利用方法
i. キャンパス周辺の店や施設などの地理
j. 高校とは違う授業のスタイル
k. ノートの取り方
l. 授業時以外のキャンパスでの過ごし方
m. 履修登録の仕方
n. 授業時間が長いこと
o. 単位制度や単位などの仕組み
p. レポートの書き方
q. 安くてバランスのとれた食事のつくり方
r. 計画的なお金の使い方
s. 友達とのつきあい方

図4―1　入学後に困ったこと4、6、10月の変化（一年次生）

（科研研究費によるアンケート調査）

高校と大学では、学習環境が大きく異なる。このような適応の困難さを感じているのは、当然のことかもしれない。また、これらの課題を克服することで大学生として成長するという見方もあるだろう。

かつて高等教育を受けることが「特権」であったエリート段階(進学率一五%未満)から、「権利」として受け取られるマス段階(一五%以上五〇%未満)に移行した頃に、「五月病」が社会問題化した。これは、新入社員や大学の新入生などが、新しい環境に極度のストレスを感じてうつ状態に陥る精神的な疾患。五月に限らないが、もともとは大学新入生が大型連休明け頃から急激に精神的に落ち込むケースが増えていることから「五月病」と名づけられた。大学進学率の上昇とともにクローズアップされた疾患だが、大学という新しい環境への適応は誰もが越えられる自明のこととはみなされなくなったきっかけになった。そして、「発達課題」として認識されるようになったのである。

入学生が経験するこうした困難さは、単なる通過儀礼といえるのかどうか。

入学後の困難な事柄のうち、六月段階で大きく改善した項目は少なくない。「履修登録の仕方」や「単位制度」といった「大学の仕組・制度」、「授業時間の長さ」などについては、六月段階で、二〇ポイント以上改善している。しかし、それでも三割の学生は単位制度についての理解が不十分なまま困難さが持続し、一〇月になっても改善されていない。

入学後半年を経過しても、ほとんど改善されない項目もある。「キャンパスでの時間の使い方」

や「予習・復習の制度」など、「時間の使い方（タイム・マネジメント）」に関するものがそれである。また、「計画的なお金の使い方」ができていないことも同様だ。問題によっては、知識の伝達や慣れによって解決の方向に向かうものもあるが、自律的、戦略的に時間を使いこなすタイム・マネジメントのような自己管理に関する内容は、移行の困難さが伴うようだ。

タイム・マネジメントについては、ビジネス・パーソン向けのハウツー本が盛んに出版されている。日本では、このタイム・マネジメントを、「スキル」（誰でも身につけることが可能なもの）ではなく「能力」として捉える傾向が強いようだ。その理由を想像するに、小学校時代の夏休みの計画表で失敗経験をした人が多いことと関係しているのではないだろうか。いわゆる計画倒れ。私も例外ではないが、夏休みに立てた計画が守れず、八月末になって宿題に追われ、焦りながら汗だくで過去の天気を新聞で調べるたりする――このような経験は多いはずだ。

こうした経験がベースになっているからなのか、計画を立ててそれを守り、確実に実行できる人を有能な人間とみなし、タイム・マネジメントを「能力」と考える傾向が強くなったのかもしれない。

アメリカでは、タイム・マネジメントは、誰にでも身につく「スキル」と考えられている。そしてこのスキルを獲得するための教材が、成績不振者への学習支援やフレッシュマン・セミナーなどで用いられているのだ。

その教材には、やるべき課題の優先順位のつけ方、自分の一日の生活の中でどの時間帯が「ピークタイム」であるかの分析法、ピークタイムに優先順位の高い課題を持ってくるスケジューリングの方法、邪魔者や妨害に対する対処方など、まさに「スキル」と呼ぶべきノウハウが詰まっているのである。

日本の学生の多くは、自分の行動のプライオリティ分析も含めタイム・マネジメント・スキルをうまく活用できていない。いわゆる自己管理がとても下手なのである。

もう一つ気をつけなければならないことがある。それは「困っていること」が、時間の経過とともに変化していくことだ。図のように、入学後半年を過ぎた一〇月になると、四月と比べて

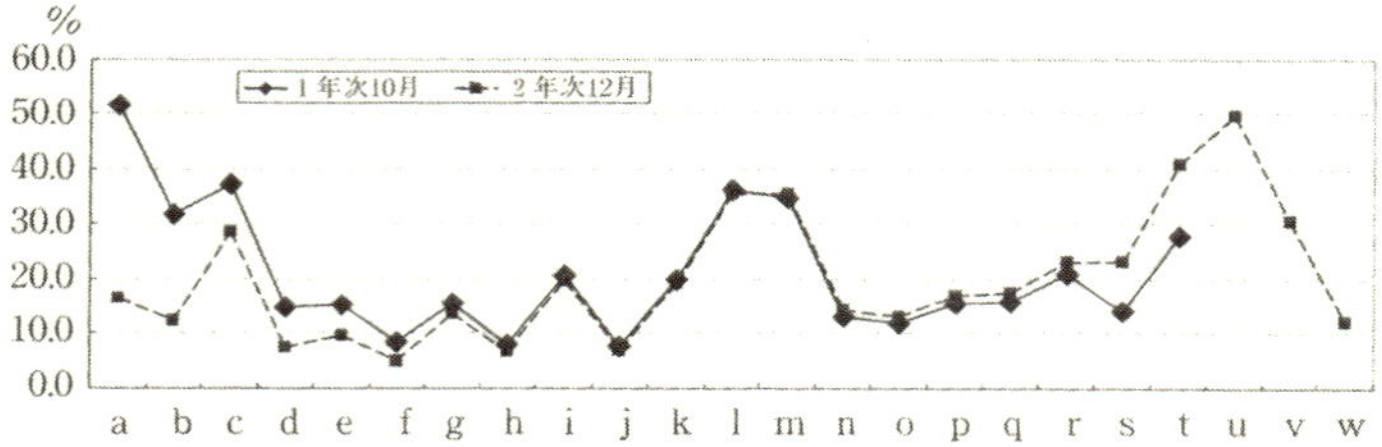

a. 自分で履修する科目の選び方
b. 授業時間が長いこと
c. レポートの書き方
d. 高校とは違う授業スタイル
e. コンピューターの使い方
f. 履修登録の仕方
g. ノートの取り方
h. 証明書の発行や手続きの仕方
i. キャンパス周辺の店や施設などの地理
j. 悩みごとの相談相手がいないこと
k. 予習や復習の程度
l. 計画的なお金の使い方
m. 授業のない時間のキャンパスでの過ごし方
n. 先生との接し方
o. 友人がいない・少ないこと
p. 授業に出席する程度
q. 友達とのつきあい方
r. 安くてバランスのとれた食事のつくり方
s. 学内の施設・設備の場所や利用方法
t. 単位制度や、必須・選択の別、卒業に必要な単位などの仕組
u. 就職活動のやり方
v. アルバイトと学習の両立
w. サークル活動と学習の両立

図4—2　二年次での困ったことの変化

（科研研究費によるアンケート調査）

困っていることは全体に少なくなる。**図4―2**のように、二年次生の一二月になると「就職活動のやり方」に困っている者が半数(四九・六%)に達し、最も大きな悩みになる。

二年次に解消傾向にある項目としては、履修する科目の選び方(五一・六%→一六・七%)、レポートの書き方(三七・三%→二八・七%)、授業時間が長いこと(三一・八%→一二・四%)、高校とは違う授業スタイル(一四・九%→七・四%)がある。一方で、卒業に向けての単位の取り方や選考内容について戸惑うためか、いったんは三割に減少していた「単位制度など」が四〇・九%と再び増加している。同様に学内の施設・設備の場所や利用方法(二四・二%→二三・三%)などへの迷いも増えている。二年次生を対象に加えた項目では「アルバイトと学習の両立」が三〇・六%。生活圏の拡大とともに新たな悩みとなり始めているのであろう。

他方、「計画的なお金の使い方」や「授業のない時間でのキャンパスでの過ごし方」などは一年次生の頃とほとんど変わらない。学生にとって簡単に解消しない悩みも少なからずあるよう

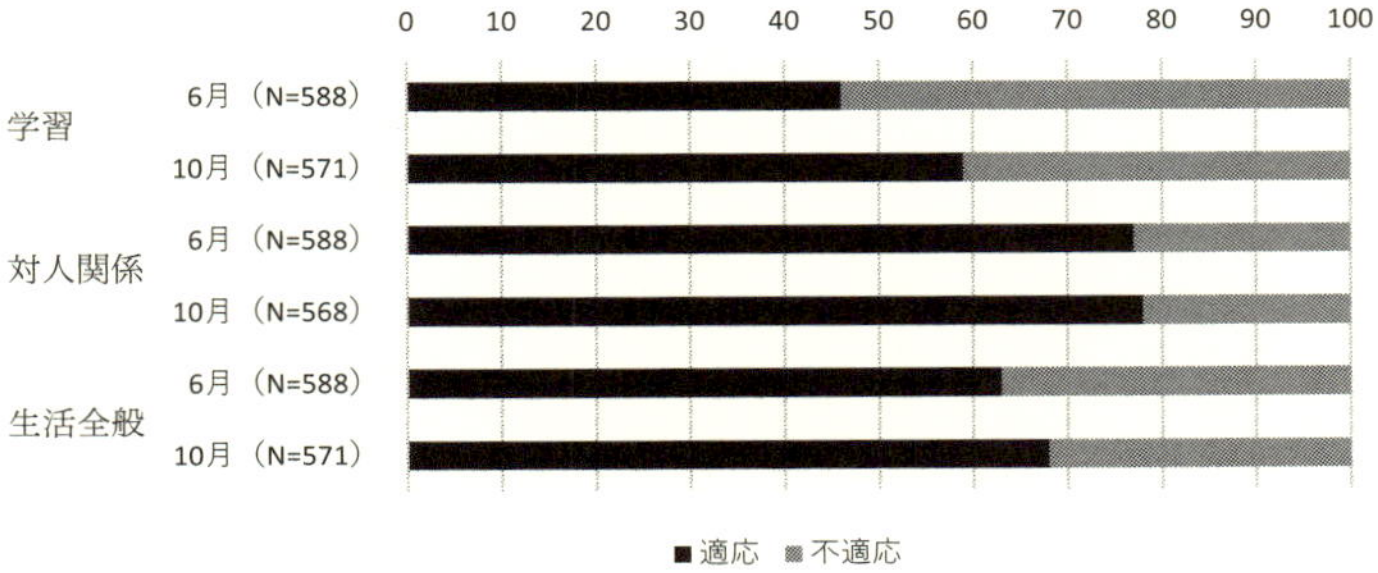

図4―3　高校から大学初年次への「適応」状況

(科研研究費によるアンケート調査)

だ。単純に大学生活に慣れることによって、すべての問題が解消するわけではないのである。

図4―3は、それぞれの調査時点で一年の六月と一〇月に「学習」、「対人関係」、「生活全般」の三領域について、高校時代と比較している。「高校時代も今もうまくいっている」、「高校時代はうまくいっていなかったが、今はうまくいっている」、「高校時代はうまくいっていたが、今はうまくいっていない」、「高校時代も今もうまくいっていない」の四つから選択。大学生活の「適応度」をある程度引き出す設問である。領域ごとでは対人関係、生活全般、学習の順で適応者の割合が多い。入学後の半年で、最も適応が進むのは学習面である。

入学後半年経過した一〇月段階での学習面での適応者のグループと不適応者のグループでは、四月段階ですでに意識や行動に大きな差が生じていることが分かる（**図4―4**、**図4―5**）。意識、感情面では、四月段階で大学生活や専門分野に対する期待感をふくらませていた学生や、「この大学に入学して良かった」という満足感を感じたり、「この大学が好き」だという感情を抱いたりした学生は、半年後の学習面での適応度が高い。逆に、学習面での不適応グループは、四月の段階ですでに孤立感を感じている傾向が強い。

行動面では、一〇月段階での不適応グループは、四月段階で授業を退屈だと感じたり、頻繁にそう感じていたりする。授業をさぼる傾向も強い。他方、適応グループは授業を休んだ場合には、同僚や友人からノートや資料を借りたりしている。四月段階での学習行動と半年後の学習面での適応

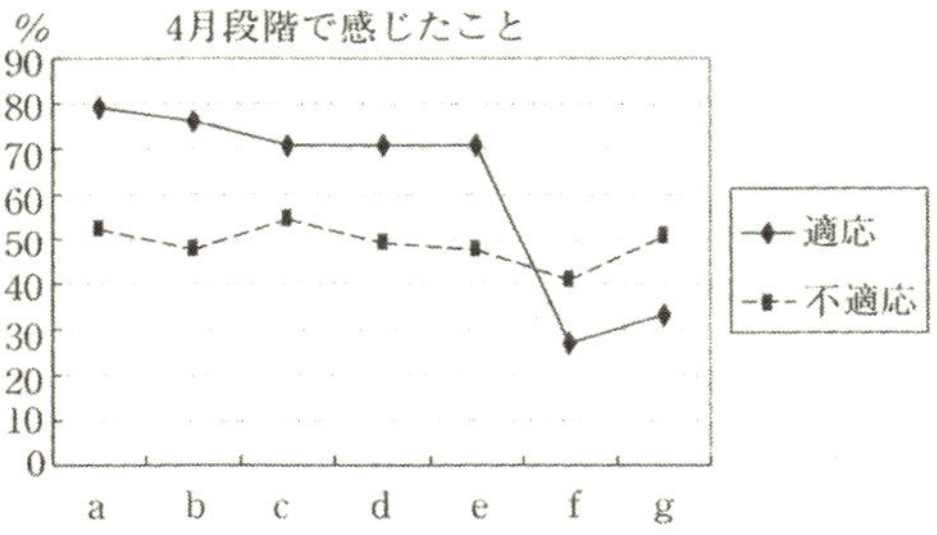

a. 大学生活は充実すると思う 79.2 ＞ 52.0
b. 大学で学んでみたい学問分野がはっきりしている　76.5 ＞ 48.7
c. 1 か月無遅刻・無欠席で授業に出ることができる　71.0 ＞ 54.9
d. この大学が好きだと思う　70.9 ＞ 49.6
e. この大学に満足している　70.9 ＞ 47.7
f. 大学で孤立感を感じる　26.8 ＜ 40.9
g. 経済的に許せば下宿したい　33.2 ＜ 50.7

図４—４　大学入学直後に感じたこと（10 月時の学習適応度別）

（科研研究費によるアンケート調査）

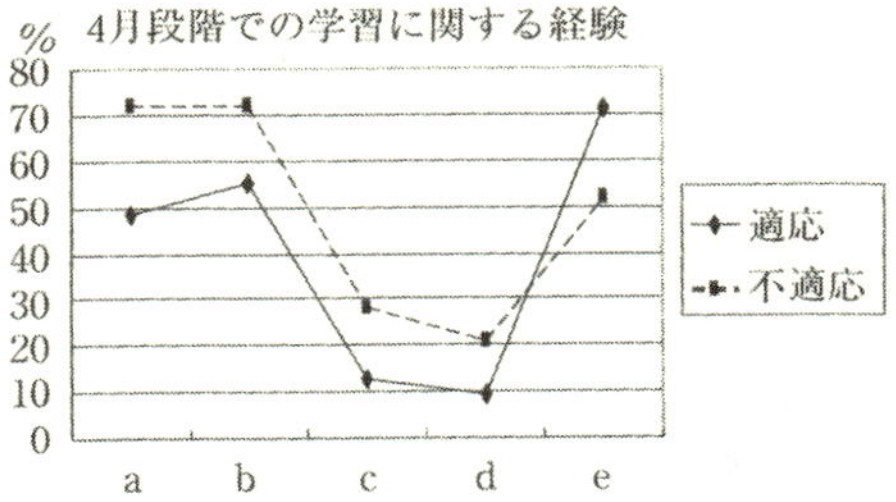

a. 授業が退屈だと感じる　48.3 ＜ 71.8
b. 授業を聞いても新しい考え方ができるようにまったくならない 55.0 ＜ 71.6
c. 授業が退屈だとよく感じる　13.0 ＜ 28.2
d. 授業をさぼった　9.4 ＜ 20.8
e. 授業を欠席したときには直ぐに友人に伝える　71.0 ＞ 52.0

図４—５　大学入学直後の経験・意識（10 月段階の学習適応との関係）

（科研研究費によるアンケート調査）

―不適応という分化は、一年次生四月段階からすでに始まっているようだ。

このことは、入学直後のフレッシュマン・ウィークやフレッシュマン・セミナー、あるいはそれに先行する入学前プログラムのような初年次教育が、日本においても求められていることを示している。入学直後の新入生たちに、いかに大学生活、専門分野、入学する大学に対する積極的な期待感を抱かせ、孤立感を感じさせないようなプログラムを組むのか。また肯定的な感情を喚起できるのか。これが、大学という組織にとって非常に重要であることが分かる。

ところで、いったん適応した学生たちは、もうそれで「安心」なのだろうか。

図4―6は、各人の適応持続に関する調査である。対人関係や生活全般については、いずれの時

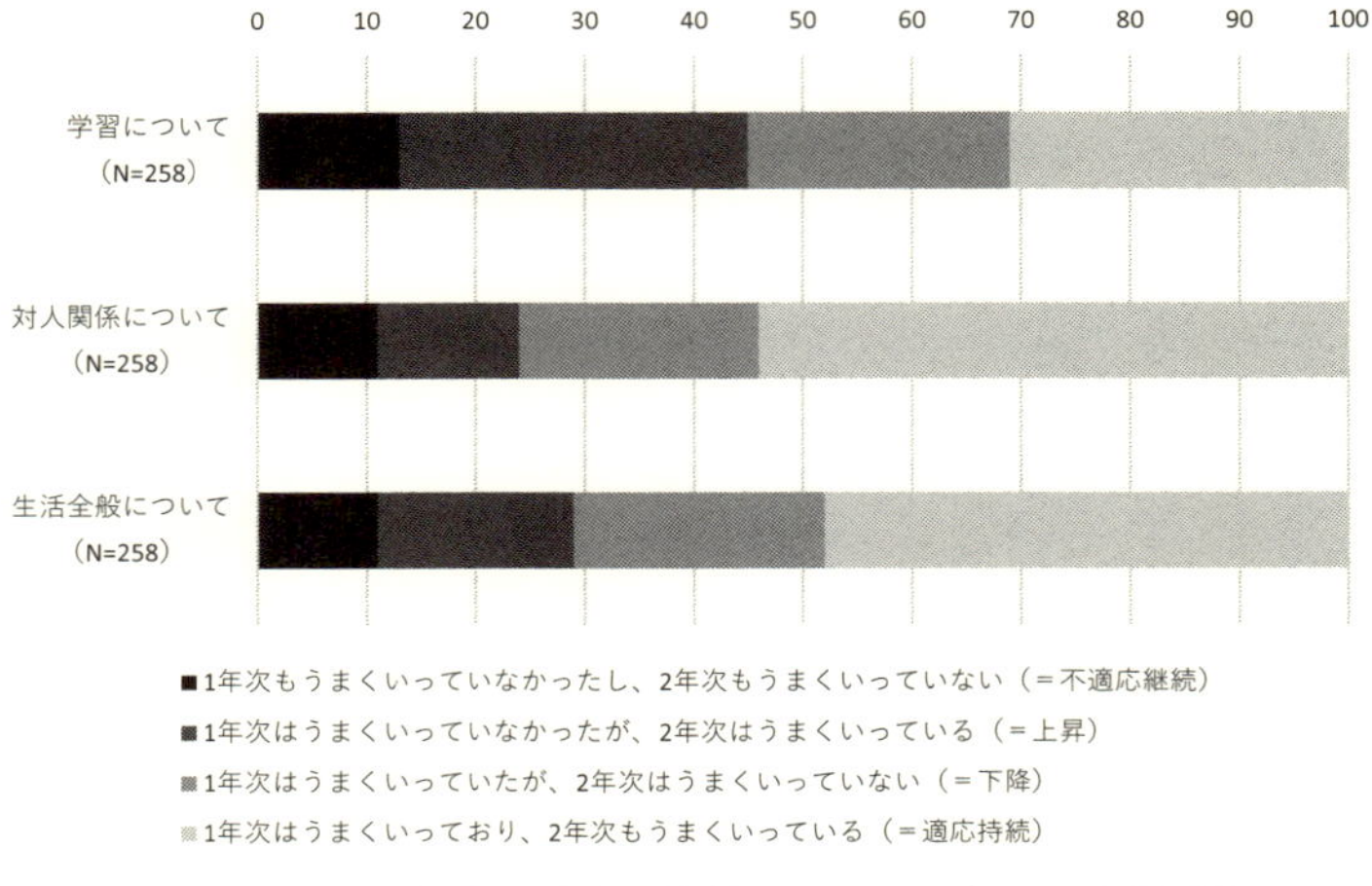

図4―6　2年次の「適応持続／上昇／下降／不適応継続」

（科研研究費によるアンケート調査）

点でも三分の二の者が適応しており、いったん適応した者の約四分の三はその状態が継続している。

しかし、学習面での適応は、持続するとは限らない。適応し続けている者が三分の一、不適応を続ける者が八分の一、残る二分の一は適応と不適応の間で流動的な状態にある。学習面での適応は、とても不安定である。油断すれば成績は下降する。もちろんその逆もあるのだが、不安定であることに変わりはない。**図４―７**では、学習面での適応者の八割が対人関係でも適応していることが分かる。学習面での適応が、少なくとも入学半年の間は対人関係の適応との相関が非常に高いといえるのだ。このことを考えると、大学が組織的に支援しなければならないのは、大学に対する肯定的な感情を新入生から引き出すことと同時に、友人、先輩、教員などとの人間関係づくりをバックアップすること。これが最も重

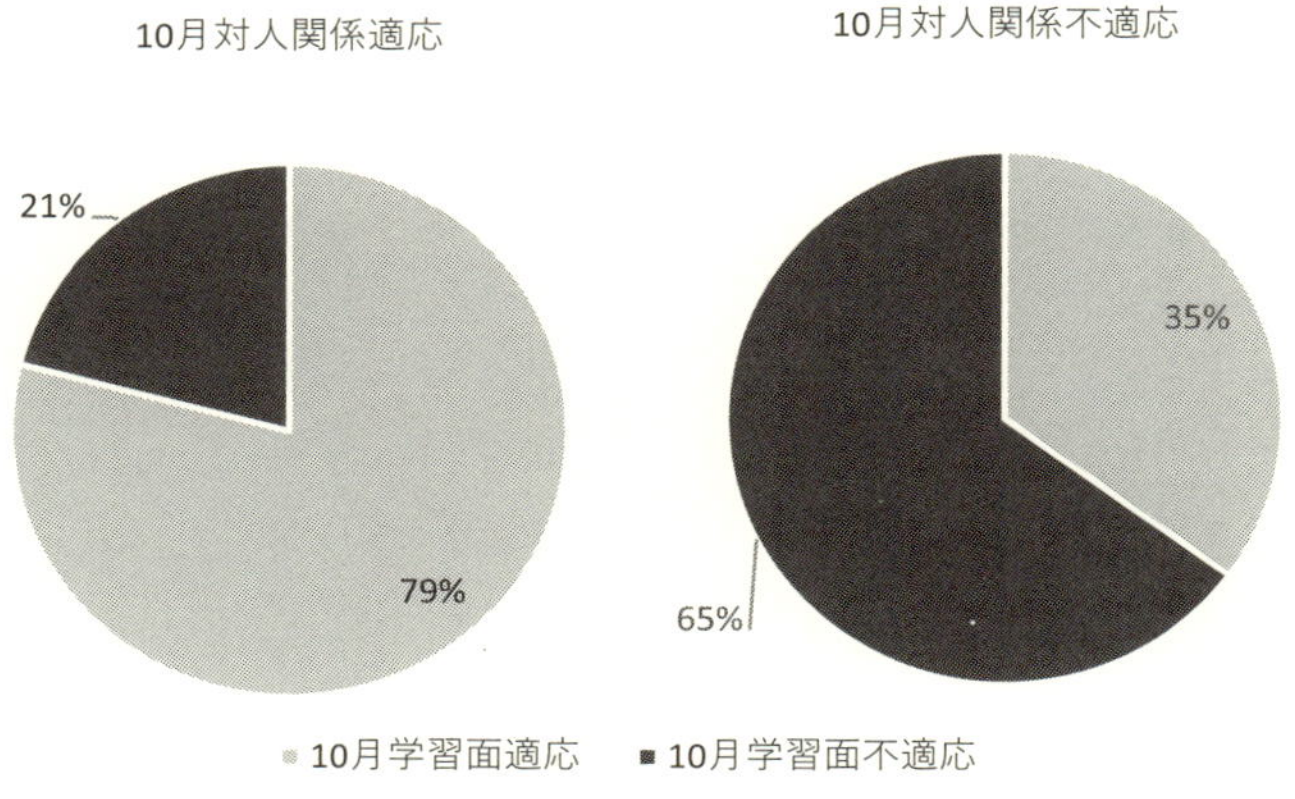

図４―７　「対人関係」と「学習面」での適応―不適応（10 月時点）の関係
（科研研究費によるアンケート調査）

要なポイントとなる。

初年次教育は本当に効果があるのか。こうした疑問に対する答えが**図4—8**に示されている。このグラフは、学習面での適応—不適応について、適応継続、上昇（不適応→適応へと変化）、下降（適応→不適応へと変化）、不適応継続の四つのタイプの学生たちが、二年次生になってどのような経験の違いを持っているのかを整理したものである。

不適応継続と下降の両グループは、程度の違いこそあれ、共通した傾向を示している。授業だけでなく、大学への不適応や健康上の不安を感じ、対人関係でもうまくいっていない者

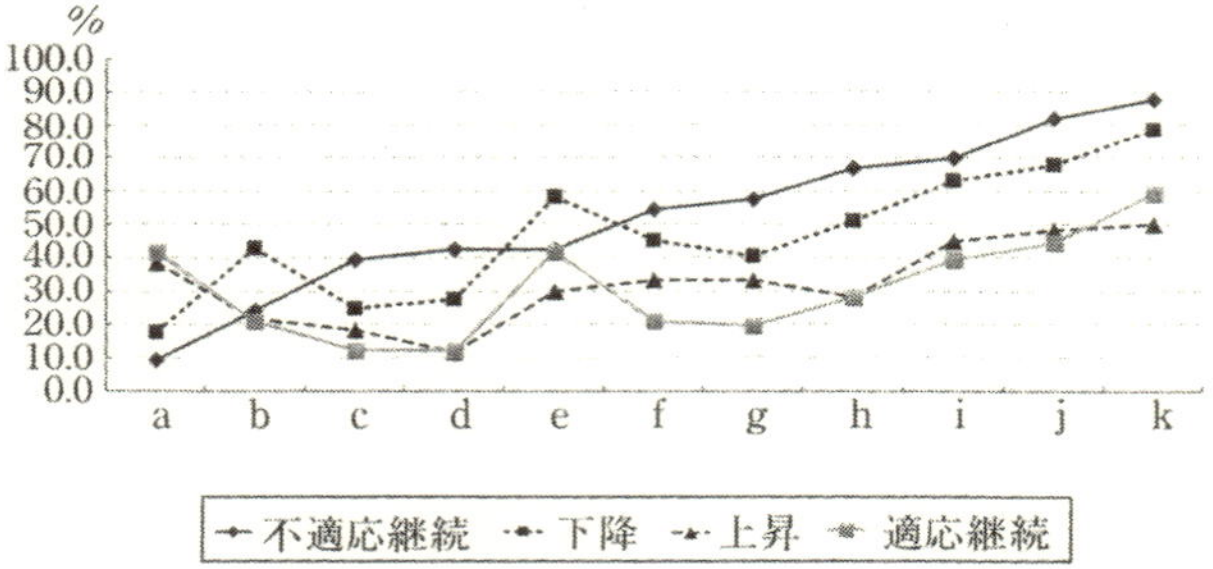

a. 授業中、自分からすすんで発表した
b. アルバイトが忙しくて勉強ができない
c. 学内では1人ぼっちである
d. 大学をやめたいと思った
e. 相談ごとのできる相手を探した
f. 大学のなかで孤立している感じがする
g. 大学で知り合った人とうまくやっていく自信がない
h. 大学に行きたくないと思った
i. 健康状態が不安だ
j. 授業をさぼった
k. 授業が退屈だ

図4—8　類型別にみた「2年次の経験」の違い

（科研研究費によるアンケート調査）

が少なくない。これに対し、一年次までの不適応から「上昇（適応）」してきた学生たちは、大学をやめたいと思った者は少なく、授業にも大学生活にも適応度が高い。友人関係でも適応継続グループに勝るとも劣らない適応度を示している。また、悩み事を相談できる人の保有率も最も高い。友人関係や大学に対する肯定的感情を喚起できるなら、一年次に学習面での結果が出なくても、二年次の一二月頃の段階で、学習面での適応に到達しやすい傾向も認められるのである。

初年次教育は、入学直後だけでなく、こうした大学生活全体を、適応的に改善する効果が期待できるのである。

初年次教育と学士課程教育、キャリア教育との関係〜これからの課題

アメリカの初年次教育でウェイトが高いのにも関わらず、日本の初年次教育の中ではそれほど重きを置かれていないのが、「時間管理」「自己探求・自己分析」「大学への移行（高校と大学の違い）」「キャリアについて」といった項目である。これに対し、日本の初年次教育でウェイトを置かれているのが、「学問への動機づけ」や「各種学習技術」である。しかし、専門教育への「導入」に学習技術を加えたものを「初年次教育」と規定してよいのであろうか。これらの内容は、明らかに専門教育への広義の「導入」ではあっても、一般教育や教養教育との関係ははっきりしない。現在の高等教育のレゾンデートルをめぐる議論との関係でいえば、学士課程教育の中で初年次教育はどのように位置づけ

られるのかという問題である。大学基準協会が定めた「学士課程基準」では、「学士課程への円滑な移行を図るために、必要に応じて導入教育を実施する」という規定は存在する。だが、学士課程教育における初年次教育や導入教育の位置づけは、明確とまではいえないのが現状である。

また、「初年次教育」の充実だけで問題は解決し、自動的に学士課程教育がうまく機能するのかという問いもあり得る。初年次教育で大学生活や、大学への適応を図った後、学生たちをどのように教育・支援していくのかという問題も残っている。「自己探求・自己分析」や「キャリア・プラン」といった内容が少なければ、いったんは大学生活に適応したとしても、その適応が安定的なものとはいえない。このことは、これまでにみた通りである。二年次以降の適応継続との関係を考えると、学習目標や卒業後のキャリアについて考慮されたものが必要になってくるのである。

前述のようなニートや早期離職など、二五歳までの〝進路挫折〟との関係から考えても、このことは重要である。初年次教育との関係づけを考えなければならないのは「キャリア教育（支援）」という分野である。近年、キャリア・デザイン教育などのコンセプトが登場し、単に就職ガイダンスを前倒しするだけでは不十分であるという認識が定着している。だが、このキャリア教育自体も学士課程教育との関係については、まだはっきりと分かっていないのが実情である。

キャリア教育の基礎は、自己理解と他者理解、自己同一性の確立、世界理解力・世界観の形成、スキルと経験を獲得する能力、課題発見・課題解決能力、自律・自立、自己実現を目指した個性的な生き方、意思と責任によって主体的に自己を形成することなどがあげられる。「自己実現を目指した個性的な生き方」こそがキャリア教育であると結論づけている研究者もいるくらいだ（絹川正吉「キャリア教育における教養教育の意義と展望」財団法人大学コンソーシアム京都　高等教育政策研究セミナー報告書　二〇〇四）。この研究によれば、学生たちが自らの特性や持ち味を理解し、自分なりの世界観や人間観の構築や将来の目標と生き方を考え、自らに合ったナビゲーションを促すことは必要だとしている。そして教養教育こそがキャリア教育であると結論づけているのである。

改めて考えてみれば、一見別々の目的を持って発達してきた初年次教育とキャリア教育だが、四年間を通しての学士課程教育の目的との位置関係で俯瞰する必要があるかもしれない。初年次教育は「大学生活への移行」のプログラムであることは、これまで述べてきた通りである。二年生から四年生まで、学生たちに様々な刺激を与えつつ、卒業後のキャリアに自らが納得できる生き方を投影して「職業生活に移行（接続）」させることが何より重要である。

初年次教育の効果の拡大と証明にむけて

こうした課題に対応する動きは、アメリカなどですでに現れている。

一つは、初年次教育の効果を拡大するために、隣接プログラムとの連携を探る動きである。座学による知識伝達だけでなく、学生たちを能動的に学習に参加させ、体験を通じて目覚めを促す「アクティブ・ラーニング(Active Learning)」が注目されている。これは、個々の学生が十分な知識や学習能力を身につけないままに入学してくることからグループ・ワークを重視するペダゴジー(教育学)である。

初年次教育の関係者が、近年力を入れているのは、同種のペダゴジーを重視する隣接教育プログラムとの協働である。外国への中短期の体験学習に出る「スタディ・アブロード(Study Abroad)」、地域の教育資源を授業の一部に組み込む「サービス・ラーニング(Service Learning)」「インターンシップ(Internships)」、複数の科目の担当者たちが共通のコンセプトに基づき授業を展開し、受講者たちもグループを組んで受講し、互いに助け合う「ラーニング・コミュニティ(Learning Community)」などが、それらの代表的な学修形態である。

加えて、ACT(American College Testing)のような非営利テスト機関が従来から手掛けてきた進路支援プログラム(進学する専門分野、大学、将来の職業キャリア選択まで継続する)を、高校生から大学入学後まで継続発展的に普及させるために、初年次教育の関係者と連携・協働する動きも出てきている。問題関心とペダゴジーの近い教育関係者が、相互に協働することでシナジー効果を生み、学生たちの発達段階における「円滑な移行」を実現しようとするものである。いうならば、相乗効果を拡大させるための教育プログラム間の協働である。

もう一つは、初年次教育の効果を実証する動きである。これまで、初年次教育の効果を測定するために、アメリカなどではリテンション率や卒業率のデータなどが用いられてきた。日本では学生満足度といった、定量的に数値化されたデータが利用されてきた。特定された時点だけの静態的分析ではなく、過去と比べその大学の教育プログラムがどれだけ改善されたかを時系列的に分析する数値データも重視され始めている。

こうした動きに加え、ポートフォリオを採用する大学も増えている。定性的なデータも含め、学生たちの成長を包括的に評価でき、理論と経験、目標と結果をそれぞれ繋げて表現、評価できるからである。ポートフォリオは、学生個人、コース評価、機関評価のそれぞれに、重層的に活用され始めているのである。

重層的な効果を生むアメリカの大学のケース

ポートランド州立大学やインディアナ大学パルデュー大学インデアナポリス校（IUPUI）は、ポートフォリオを本格的に導入している。ベンチマークや大学としての組織目標、コース単位、さらには学生個人に教育や学習目標をあらかじめ明確化することを求め、教育（学習）課程を通じて、どの程度それらの目標が身についているのか、その証拠は何なのかを示そうとしている。そしてポートフォリオの中で、トータルな効果（成果）を実証しようとしているのである。

これらの大学は「ユニバーサル・カレッジ（Universal College）」と呼ばれている。ユニバーサル・カレッジでは、専攻(major)未決定者に対する教育と学生支援を統括する組織があり、初年次教育だけでなくサービス・ラーニングなどの隣接プログラムの統括から学習支援までを広範にコーディネイトしている。隣接教育プログラムも含めた組織的かつ包括的な初年次教育が実施され、シナジー効果が生み出されている。

初年次教育が、単独のプログラムではなく、キャリア教育や様々な体験学習プログラムと連携しているのだ。そして、入学時の適応だけにとどまらず、学士課程教育での学び、卒業後までに繋がる個々人のキャリア形成に繋げているのである。初年次教育の重層的な活用が求められているのだ。

日本の初年次教育の整理

ここで話を日本に戻し、現在導入されている初年次教育プログラムの類型を整理しておこう。類型化の軸は、第一に「科目構成」である。すなわち単独科目(スタンドアローン)で初年次教育を行っている方式か、複数科目(プログラム)方式によって行う方式かということである。

第二は、初年次教育の目的設定である。アメリカの社会教育学者V・ティントの類型でいえば、社会適応(Social Integration)が主な目的で実施されているか、学習適応(Academic Integration)を主な目的としているのか。あるいはその両方、つまり社会適応と学習適応の二つを目的としているかで分けられる。

第三に、プログラムの内容が、学部学科の専門性や専門教育をどの程度重視しているかということである。専門教育に規定されず社会人として共通に求められるような「汎用性重視」か、専門教育に焦点をあてた「専門性重視」なのかという分類軸が考えられる。

実際に最も多いのは、「単独科目、学習適応、汎用性重視」型である。これは、文章表現、プレゼンテーション、ディベート、情報リテラシー、情報収集などの学習技術を重視するもの。既存のテキストなどを活用することで比較的始めやすいプログラムであると考えられている。そのため、教育課程上の位置づけも比較的容易である。京都教育大学などが実施している。

「単独科目、学習適応、専門性重視」型は、選抜制の高い大学が導入している。広島大教養ゼミは、こんな報告をしている。

「全一年生を対象にして科学的な思考力と表現力を育て、大学で必要とされる自主的な学習方法を訓練するカリキュラムを組みました。学生は、一～複数名の教員がチューターとして配置された一〇人程度のグループに分属します。教員は一斉授業のように一方通行の授業を行わず、研究テーマの決定はもちろん、ディスカッションの場でもイニシアチブを取るのは学生。というのも、学生の主体性・自主性を尊重することが教養ゼミ最大のポイントだからです。さらに、他の学生との協力を促すこと、教室の外に出て社会の実地見学や体験を取り入れることによって学生の興味・関心を引き出す配慮がなされていて、学生は一五時間のコースを終える頃には、しだいに学問の世界へ誘われ、好奇心や意欲をかきたてられ」ると説明している。

Ｗｅｂでも「初年次教育には学生の課題解決を惹起すると同時に、学問の世界に学生を誘うという課題がある」と説明しており、汎用性を意識しつつ、最終目的が専門性重視であることをうかがわせる。東北大学工学部の「初年次創生科目」なども、この類型に含まれるといっていい。

「単独科目、学習適応・社会適応、汎用性重視」型としては、多摩大学「自己発見講座プログラム」や東北公益大学「公益自由研究」があげられる。グループワーク型のフィールドワーク中心のもので、「社会適応」と問題発見型の「学習適応」を目指している。

「複数科目」による総合型が多いが、「複数科目」で「社会適応」と「学習適応」の両方を目的とし、「汎用性重視」を目指しているのが、関西国際大や国際基督教大など。カリキュラム以外の体験も重視した大阪女学院大学のプログラムもこのタイプに近い。

「複数科目、社会適応・学習適応」でありながら「専門性重視」なのが、金沢工業大学である。専門教育の体系性を主張する工学系や一部の医歯薬系では、同様な志向がみられる。

同じ初年次教育という教育プログラムであっても、類型によって、カリキュラム上の位置づけ（科目数、単位数）は大きく異なる。また、コンセプトや方法論も違う。共通するのは、高校から大学への「移行」を重視する「哲学」と少人数教育やアクティブ・ラーニングを重視する「教育方法」である。

高等教育のユニバーサル化の進行によって、学生の多様化が一層進行していく状況下にあって、単独科目の枠内で課題解決していくことが難しくなってきている。今後の大きな潮流としては、複数科目の導入が増加していく傾向が強く、プログラム自体もさらなる進化を遂げていくと予想される。

日本の初年次教育の課題

日本でこれからの初年次教育を展開・定着させていく際の課題をあげておこう。

中教審答申「我が国の高等教育の将来像」（二〇〇五年）では、各大学が「世界的研究・教育拠点」「高度専門職人養成」「幅広い職業人育成」「総合的教養教育」「特定の専門的分野（芸術、体育等）の教育・研究」「地域の生涯教育機会の拠点」「社会貢献」の八つの機能の中からいくつかを自らの責任で選択していく方向性が示されている。このことは、同じ大学という名が冠されていても、まったく異なる機能を志向する大学の存在が公的に許容されるということを意味している。

同時に「国際的通用性のある大学教育または大学院教育の課程の修了に係る知識・能力の証明としての学位の本質を踏まえ」た、学位を与える課程（学部の場合は「学士課程」）を重視する見方も示されている。多様化を認めつつも、学位の質保証を求めているのである。この後の中教審での高等教育の方向性は、この答申で多様性と質保証の両者を求める方向へと着実に進んできた。

これからの大学では、異なる目的を持って入ってくる学生の多様性も含め、質保証にも大きな分散がみられるようになるだろう。現実的な日本の高等教育の状況は、「学力のばらつきが大きいために、大学における『高等普通教育』という課程を想定せざるを得ない」ほどに、アメリカの高等教育の状況に近似してきている(小笠原正明「ユニバーサル・アクセス時代の学士課程カリキュラム」『高等教育研究第六集』日本高等教育学会 〇三)。

ここで改めて問われるのは、「大学」とは何か、高等教育とは何か、という普遍的かつ根本的な問いである。大学で学ぶ目的は何か。就職だけを目的にするのではなく、自分自身の生き方や人生の価値づけ、意識づけなどを問いつつ、教養教育との連携・接続も含め「学士課程教育」という大きな枠組みの中で考えていくことが必要だ。

初年次教育はこうした問いに対する答えを、学生自らが自問し、考えることによって引き出されていくプロセスとしても期待されている。高校から大学への移行。大学の入学時(入口)の適応から、キャリア・デザインやキャリア支援との関係づけも含め、卒業の際の社会への移行を考えることが何よりも大切である。この意味で、初年次教育は、普遍的な問いかけを導き出す場の役割を果たしているとも考えられるのである。

初年次教育プログラムの普及率はアメリカと日本が二大大国

初年次教育という教育プログラムの導入は、こうした問題への具体的な取り組みに繋がる可能性がある。科目を専任教員が担当し、ワークショップや打ち合わせを主体的に繰り返すことができれば、教員のＦＤをより自然に深化させることができるのではないだろうか。初年次教育を、教育課程の中でどう位置づけ、他の科目とどのように連携していくのか。各大学の教育理念・目標、学生の現状に基づくカスタマイズした初年次教育の内容・方法の開発をどのように実現していくか。個別化・個性化への要請とともに、普遍的な問いにも答えていく必要があるのだ。

しかし、初年次教育の学修成果をどのような方法で測定するのかという課題は依然として残っている。中退率やリテンション率という定量的な「結果」だけではなく、この教育プログラムがどのような学修成果を生むのか――このことについても実証しなければならない。学修成果の測定と実証は、初年次教育が社会的に定着していくためには避けて通ることのできないプロセスであり、解決すべき課題でもあるのだ。

私も発起人の一人となって、初年次教育学会という学会を立ち上げた。「初年次教育」を冠した学会がある国は、世界の中で日本だけである。

アメリカのサウスカロライナ大学を中心として、毎年初年次教育の大規模な国際会議が行われていた。私や、初年次教育学会の初代会長を務めた同志社大学の山田礼子氏、玉川大学の菊池重雄氏、大阪大学の川嶋太津夫氏などは、その国際会議に何度も参加していた。高等教育のユニバーサル化が進むと、どこの国でも初年次教育に類するプログラムが必要になっていくだろうという見立てのもと、われわれは日本にも教育プログラムとして初年次教育を持ち込むことが必要だと考えたのである。

金沢工業大学のように、初年次教育ということばが使われるようになるずっと前から初年次教育を始めていた大学もあった。しかしそれはごく一部の大学にとどまっていたし、「初年次教育」という名称を使っていないものがほとんどであった。

日本への初年次教育の導入を言い出した前述のメンバーは、単に名称を輸入するのではなく、初年次教育を「日本の高等教育の中で市民権を得た教育プログラム」としていくことを目指した。そのための「プランA」が、「初年次教育」を名称とする学会を作ることであった。サウスカロライナ大学に許可を得て、国際会議で使われていた First-Year Experience（「初年次教育」を指す英語：略してFYE）を学会の英語名称に入れた。二〇〇七年に学会を創設してから個人会員数も機関会員となる大学も着実に増えている。初年次教育プログラムの普及率でいうと、おそらくいまではアメリカと日本が二大大国である。もしかしたら日本のほうが、アメリカをしのいでいるかもしれない。この状況からみて「プランA」は成功しているといえるだろう。

初年次教育を、「日本の高等教育の中で市民権を得た教育プログラム」とするための「プランB」の目的の一つは、国の文書、ナショナルレポートの中に「初年次教育」という言葉を入れることであった。

文部科学省の中央教育審議会で二〇〇八年に「学士課程教育の構築に向けて（答申）」（いわゆる「学士力答申」または「学士課程答申」）が審議されていた時、私も、山田礼子氏や川嶋太津夫氏も委員として出席した。そして、初年次教育の重要性を説き、答申の中に「初年次教育」という言葉を入れるべく尽力した。世界の中で、ナショナルレポートの中に「初年次教育」という言葉を最初に入れたのは日本である。その点で、我が国は初年次教育の先進国であるといっても過言ではないと思う。

初年次教育はその後も文科省の文書に何度も取り上げられている。二〇一四年の「新しい時代にふさわしい高大接続の実現に向けた高等学校教育、大学教育、大学入学者選抜の一体的改革について（答申）」（いわゆる「高大接続答申」）にも初年次教育が登場した。初年次教育は社会的に定着したといえるだろう。

2　高大接続と初年次教育

高大接続答申での初年次教育の位置づけ

高大接続答申の後、一五年に行われた高大接続システム改革会議で配布された資料にもあるように、当時中教審会長でもあった安西祐一郎座長は、高大接続改革における初年次教育の重要性を強く認識しておられた。だからこそ、アドミッション・ポリシー（AP）、カリキュラム・ポリシー（CP）、ディプロマ・ポリシー（DP）の三ポリシーの真ん中に初年次教育が入ったマトリクスを作られた。APを通じて入学してくる学生に対するバッファーとして、初年次教育が非常に重要だといわれたことはたいへん印象に残っている。

高大接続答申では、「高校教育から大学における学修に移行するに当たって、大学における本格的な学修への導入、より能動的な学修に必要な方法の習得などを目的とするもの」という定義が掲げられている。その前には「初年次教育は、高等学校で身につけるべき基礎学力の単なる補習とは一線を画すべき」とも書かれている。リメディアル教育と初年次教育を混同している大学や、就職状況によって初年次教育とキャリア教育を入れ替える、つまりこれらを代替可能なものと考えるような大学もあったので、それに対する危機感が反映されたものであった。

注目する点としては、「大学初年次教育の展開・実践は、高等学校教育の成果を大学入学者選抜後の大学教育へとつなぐ、高大接続の観点から極めて重要な役割を果たすもの」と、「極めて」という副詞まで付けて、初年次教育の役割を非常に高く評価しているところである。座長の安西先生の思い入れが強く出ているとはいえ、このような答申が出ること自体、日本は世界で最も初年次教育を高く位置づけている国であることを意味しているといっても過言ではないだろう。

初年次教育は三ポリシーとどう向き合うべきか

「初年次教育」と一言でいっても、内容は多岐にわたる。アメリカでも初年次教育についてはいろいろな分類がなされてきた。

初年次教育学会では、二年前に初年次教育の評価に関するシンポジウムを行った。その企画段階で、我が国で行われている様々な初年次教育を、「大学適応重視型」、「学習スキル重視型」、「研究重視型」の三つに類型化した。日本の大学で行われている初年次教育では、「大学適応重視型」か「学習スキル重視型」、あるいはこれら二つの混合型が基本的になっている。一方、「研究重視型」を採用している大学はごく少数で、日本で一番純粋なかたちでこれを行っているのが東京大学である。

この類型をベースとして、一六年の初年次教育学会のシンポジウムでは、各大学が、AP、CP、DPのどこにどう初年次教育を位置づけているかを調査・分析して話をした。先にみた通り、高大接続答申の中では、APとCPを有機的に繋ぐものとして、初年次教育に非常に重要な位置づけがなされている。その観点からいうと、APの中で初年次教育への言及があってもよいと思う。しかしそのような大学はほとんどなく、初年次教育への言及がある大学の多くは、CPの中で記載していたのである。

記載のパターンは様々だ。一番多かったのは、初年次教育の「目標と内容の併記型」である。目標を記載することをとにかく重視した「目標記載型」もあった。「一年次」という学年を示す目的で「初年次」という言葉を使っているだけのところもあった。また、初年次教育という用語を使っているが、意味内容を理解していない「誤用型」もみられた。

三ポリシー自体もそうだが、そのポリシーの中のどこにどのようなかたちで初年次教育について記載をするべきなのか。これについては、スタンダードがまだ確立しているわけではない。だから、大学によって様々な記載内容、記載方法が用いられている。現時点では、「何らかのかたちで書かれていればよい」という段階であるが、今後、初年次教育は、三ポリシーとどう向き合うかが課題となる。

その課題の一つの側面は、二年次以降の科目や専門教育との関係であろう。これについて明示的に触れている大学はほとんどない。初年次教育は一二四単位を一つのパッケージとする「学位プログラム」を構成する一科目群だから、教育課程全体の中でどう位置づけるのかを考えていかなければならない。

もう一つは、初年次教育の学修成果をどう可視化していくのかということであろう。初年次教育学会の会員に対する調査から、会員のアセスメントに対する関心の高さや、積極的な取組姿勢は理解できる。しかし初年次教育科目群だけで閉じた評価ではなく、教育の有用性をどのように評価すべきかについて、決定的な方法は分かっていない。アメリカは中退率が高いので、これまではリテンション（学業継続率）が改善したら効果ありとみなすのが一般的だ。しかし近年では、初年次教育を二年次以降の教育とどう繋げるかへの関心がかなり高くなってきている。

つまり、初年次教育をスタンドアローンの一年生用の入門プログラムと位置づけることは、評価という点からも、効果という点からも、問題であると考えられるようになってきているということだろう。

三ポリシー可視化のためのアセスメント

〇〇年の大学審議会の「大学入試の改善について（答申）」で初めて「アドミッション・ポリシー」（AP）への言及がなされた。そして、〇八年の学士課程答申では、先ほども出てきた「学位プログラム」という考え方が強く打ち出された。学部や研究科に着目した大学制度ではなく、学位を与える課程に実施着目した大学制度へと再編し、教育についてきちんと質保証をすることが求められるようになったわけである。

次いでDP、そしてCPが答申に入った。これらの用語はいずれも国際通用性はない。CPは通じるかもしれない。しかしDPは、海外の研究者にはLearning Outcomeといわなければ通じない。

「学位プログラム」について補足しておこう。東京大学は、日本の大学の中では例外的にLate Specializationというシステムを取っていて、例えば理科に入学しても、自分が学びたいことと違うと思えば進学選択制度で文系の学部に進学することが可能である。しかし日本の大学のほとんどはEarly Specialization で、学生はどの学部・学科で学位を取るかを決めて入学しなければならないシステムになっている。つまり、入学までに一二四単位が一つのパッケージとなった「学位プログラム」を選択しなければならない。ところがその選択のために必要な情報が十分に公開されているとはいえない状況にある。

中央教育審議会で頻繁に話題になるのは学位のカッコ書きの種類である。「学士」という一種類の学位に対して、日本の大学で授与している学位のカッコ書きは七六〇種類、つまり全国の大学の数ほどもある。多種多様なカッコ書きが存在する上、カッコ書きの中身が同じならば同じ教育が行われているかというと、決してそのようなことは保証されない。だからこそ、入学後やり直しがきかない日本の大学教育においてはアメリカ以上に初年次教育が重要となってくるのである。

ここで問題となるのは、何に基づいて三ポリシーのＰＤＣＡを行うかということである。大学全体としての共通の評価方針「アセスメント・ポリシー」を設定し、どのような方法や基準で教育の効果や学修成果を検証するかを定める必要がある。繰り返しになるが、海外では Assessment Plan でなければ通用しないのだが、国内では、「プラン」ではなく「ポリシー」という言葉を使わないと劣ったものだとみなされる危険があった。そこで「アセスメント・ポリシー」という用語を無理やり作った。これを言い出したのは私自身で、最初にこの言葉が入ったのは、一二年の「新たな未来を築くための大学教育の質的転換に向けて〜生涯学び続け、主体的に考える力を育成する大学へ〜（答申）」（いわゆる「質的転換答申」）だ。

高大接続答申では、アセスメント・ポリシーについてこのような書き方がなされている。「大学全体としての共通の評価方針（アセスメント・ポリシー）を確立した上で、学生の学修履歴の記録や自己評価のためのシステムの開発、アセスメント・テストや学修行動調査等の具体的な学修成果の把握・評価方法の開発・実践、これらに基づく厳格な成績評価や卒業認定等を進めることが重要である」。

三ポリシーの一体的な作成は法令上義務づけられているが、アセスメント・ポリシーは法令上の義務ではなく、いまのところは努力義務扱いだ。第九期の中央教育審議会で、評価については議論しており、一七年一二月に出された「今後の高等教育の将来像の提示に向けた論点整理」の中でも触れられている。アセスメント・ポリシーをただ定めるだけでは効果がないので、どのようにして教学マネジメントの中に組み込んでいくか、継続して中教審で審議していくことになる。

アセスメントのメインは、もちろんＤＰが達成できているかどうかだ。しかしＤＰ達成までの内容や方法が計画通りであるか、それらは効果があるのか、ＡＰに照らして選抜方法が妥当かどうか、といったことまで含めて、アセスメント・ポリシーを構築していく必要があるだろう。

3　関西国際大学の教育と初年次教育

私が学長を務める関西国際大学の教育を、評価と初年次教育プログラムを中心に説明しておこう。関西国際大学は兵庫県の尼崎市と三木市の二か所にキャンパスを持ち、学生数二、〇〇〇人ほどの大学だ。

ルーブリックによる学修成果の可視化

本学のＤＰでは、次の六つの力を身につけさせることを目標に掲げている。自立性、多様性理解、社会的貢献性、課題発見・解決力、コミュニケーション能力、そして専門的知識・技術の活用力である。始めの五つについては、ＫＵＩＳ学修ベンチマーク（関西国際大学としての共通到達目標）に基づいて半年ごとにチェックするというアセスメント・プランを組んでいる。専門的知識・技術の活用力については、二年修了段階で、専門必修科目を範囲とする到達確認試験を行ってチェックする。目標値に達していなければ、三年の終わりまでに追いつく必要がある。四年生になる時にベンチマーク評価と到達試験の合否で進級条件を満たしているかがチェックされ、条件を満たすと卒業研究という形になる。

本学は、到達目標のルーブリック化を行っている。例えば自立性を、「やらなければならないことを、決められた期日までにやり遂げることができる」レベル1から、「自ら目標を持ち、主体的に計画・実行・確認を繰り返し、経験を生かしながら新たな課題に挑戦することができる」レベル4まで、評価観点と測定尺度を記し、定性的な評価を可視化する努力をしている。

人間の能力は一〇〇点満点の評価にはなじまない。本学では、評価基準のどのレベルに近いかということを、具体的な実践場面やエビデンスで評価する方法を取っている。

本学では学修成果の可視化のため、ライティングを始め、スキルのルーブリック化も行っている。自立性や多様性理解などのコンピテンシーは評価基準を策定するのがなかなか難しいが、スキルなどはルーブリック評価になじむし、カリブレーション（評価結果の比較分析）もチューニング（評価結果の調整）もしやすいという特徴がある。

ライティングのルーブリックは六段階を設定している。評価の観点として、課題に関する記述、論理的構成、レファレンス資料、文章の体裁、表現の推敲の五つを設けている。六段階の尺度というのは多いように思われるかもしれない。だが、実際にはこれを分けて、二年生の前期までの下位学年生には下の尺度で、上位学年生には上の尺度を中心に評価する方法を取っている。

自立性などの汎用的な特性は、必ずしも右肩上がりになるとは限らない。本学のデータでみても、一年生の段階から二年生の段階で評価が落ちてしまうケースはたくさんある。プログラムで新たな経験をすると、自分の尺度構成がより高次なものに転換するため、能力としては上がっているのに自己評価がいったん下がるのだろう。しかしスキルは、身についてしまえば落ちることはない。一方向型で、右肩上がりでの成長を想定できる。だから、低学年と高学年で一つの表を分割して使うことが可能になるのだ。

関西国際大学の初年次教育

関西国際大学は今年二〇周年を迎えるが、設立時期は、大学の新増設ブームの最後の頃であった。創設段階で、多様な学生が入学してくるだろうということは想定していた。

それに備えて、おそらく日本の大学では初めてとなる学習支援センターを作った。アメリカの大学に、モデルとなり得るセンターがかなりあったので、それらを参考にすることができたからである。学習支援センターのミッションは、高等学校までの学習で習得できていないこと、大学での学習スキルでうまく身につけられないもの、専門教育で分からないことがあれば、学生に来てもらってフォローするということだった。センターを実際に稼働してみると、意外にも私どもの期待と違うことが起ったのである。

フォローが必要だという自覚のある学生はセンターに相談に来るのだが、対象者なのにその自覚のない学生や、その事実から目をそらして先延ばしにしたい学生はセンターに足を運ぶことはなかった。つまり、支援が一番必要な学生が来ないという皮肉な結果だったのである。

学習支援センターの活動を始めた年に、本学の初年次教育のプログラムの原型となった「講義の攻略法」と「レポートの書き方」というものをセンターのプログラムとして開始した。これらには需要もあったし、効果もあった。本学の教員である上村和美が中心となってチームで作った『知へのステップ』（学習技術研究会編著、くろしお出版、初版二〇〇二年：第四版一五年）という本がいまも重版されている。ライティングでいうとベンチマークされる名作といえる。本学での二つの授業が、この本を作ることに繋がったのである。

ポートフォリオの導入や「学習技術」という全学科目の設置など、いろいろな試みをその後も続けたが、さらに早くから教育プログラムを始めなければならないということになり、〇四年に「ウォーミングアップ学習」を開始した。これは入学前教育の走りだろう。当時よく行われていた入学前教育は通信教育を模したものが多かったように思う。つまり、資料を送ったり、課題とする本を読ませてレポートを書かせるようなものがほとんどであった。だが、われわれはそれだけでは効果がないと考えたのである。

大学に入る不安を解消するためには、フェイス・トゥー・フェイスが一番効果的だということで、とにかく大学に来てもらうことにしたのだ。これは初年次教育型の発想からである。

二〇〇六年に本学の「初年次教育の総合化と学士課程教育への展開」が文部科学省「特色ある大学教育支援プログラム」（特色ＧＰ）に採択され、次々と新しい取り組みを始めた。「ウォーミングアップ学習」充実の他、eポートフォリオを使い始め、学生センター制度も導入した。

それから、学生たちに適応促進するためには教室の中での取り組みだけでは不十分だと考え、一年生にサービスラーニングをやってもらうことにしたのである。この「初年次サービスラーニング」は、その後、「初年次セミナー」と名称と内容を変えていくが、教室外プログラムの重要性は継承し続けているのである。

二〇一六年には「評価と実践」という全学基本教育科目を始めた。日本の大学生は、評価の意味や重要性をまったく理解しないまま、大学を卒業するまで評価され続けていく。これは受身的に〝評価される人〟を作ることであり、好ましいことであるはずがない。

われわれは学生たちに時間を使わせて調査やテストを行い、学生からデータを提供してもらっている。そのデータをわれわれは活用しているわけだが、学生たちからみると個人情報を取られっぱなしである。だからといって学生の労力や時間に配慮し、必要なデータを取るのを減らせるかというと、それはとても難しい。減らせないのならば、どうしたらいいのか。それには学生に根本的なことに対し理解を深めてもらう以外ないのではないかと考えたのである。つまり、評価とは何か、それに関連してコンピテンシーとは何か。さらに社会人基礎力がなぜ出てきたのか、それが、どのようなものなのかといったことを学んでもらい、学生自身に評価の重要性を理解させ、自己評価能力を高めることを目標とした授業をしっかりと行うことにしたのである。「評価と実践」という全学基本教育科目は、このような要請のもとで開講することになったのである。

課題と方向性――カスタマイズと個別支援

本学の初年次教育は、全学のベースを踏まえて各学部がカスタマイズしていくというやり方を取っている。三ポリシーも同じく全学のベースがあり、それを各学部がカスタマイズする。本学には、専門職養成の看護や教育福祉もあれば、心理学や経営学もある。だから、カスタマイズの仕方はそれぞれ、違っていても仕方ないだろう。

学生それぞれが自分のキャリアをどのように考えるかということも、カスタマイズに反映できる。普通のキャリア教育を行うのではなく、本学では「ラーニング・ルートマップ」という仕掛けを作ることにしたのである。

学生に中退されると大学は困る。だから多様な学生に向けた個別支援体制の確立も重要な課題になる。支援対象学生の選び方、部門間での情報共有、対象学生たちを孤立させるのではなく繋げる仕組みの確立も必要だ。同時にプログラムを精緻化し、レベルアップしていかなければならない。

先ほど触れた「ラーニング・ルートマップ」というのは聞き慣れない言葉だと思われる。なぜなら本学の造語だからである。このルートマップとは、もちろん道路地図ではない。道路は渋滞するとアウトだが、飛行機は空の上ではそれがなくルートは一つではない。羽田空港に着陸する時に、房総から入ることもあれば、横浜のほうから入る場合もある。天候などの状況に応じて高さを変えたりルートを変更したりすることができるのだ。しかし、必ず通らなければならない通過ポイントもいくつか決まっている。この飛行機のマップをイメージして作ったのが本学のラーニング・ルートマップなのだ。

社会に出ていくための出口は、学生それぞれに一つである。しかし公務員試験や教員採用試験を受けるのか、あるいは民間企業を目指すのかなど、出口によっては、卒業後の進路のために自己PRできる材料を整理し、セルフレポートを作り上げなければならない時期が異なったりする。また、目的地までの道のりもいろいろと考えられるのだ。

ベンチマークすべきポイントを押さえた上で、学生たちに自分自身の成長の目標と計画を立て、それぞれのゴールに向かって自分のストーリーを作ってもらう。それを初年次教育の一環として、「評価と実践」という授業の中で始めたのである。

ラーニング・ルートマップは、明確な学修計画を意識して、実行・振り返りを実行していくためのツールといえる。

例えば、警察官（地方公務員）を目指す学生の場合である、本学には犯罪心理学のコースが設けられている。つまりこのコースを選択することで、目指す目的に向かうルートの起点が決まるのだ。そして、警察官採用試験の受験と合格を目標のゴールとして据えることができるのである。ゴールに直結する必須プログラムとして、公務員試験と模擬試験が加わる。補完するプログラムとして、「子どもを犯罪から守る」をテーマとするサービスラーニングがある。また、警察での活動が含まれるシアトルでのグローバルスタディ（海外プログラム）など、時期を決めて予定に組み込むことができる。なお、本学は航空運賃を大学が負担して全員が一度は海外プログラムに参加できるよう支援している。だから海外での学習計画も立てやすくなるはずだ。さらに、インターンシップに参加するプランを加えるのである。

公務員試験の勉強も、質・量の目標に沿うものを組み入れることができる。このように目標を立てた上で、担当教員との面談に向かうのだ。こうすることで、公務員試験の傾向と対策を具体的に把握、確認することができるのである。同時にＳＰＩの苦手科目を克服できているかなど、各学年修了時点での振り返りの視点を入れるのである。

専門職公務員として福祉施設への就職を目指す福祉学専攻の学生は、国家試験や実習、福祉就職フェアを必須プログラムの欄に入れて、これを目指すマップを設計する。学習支援ボランティアをいつからいつまで続けるとか、試験対策をどの時期にどこまでやるかなどを自分で決めて予定に組み込むことができるのである。

英語の教員を目指す学生は、時期ごとに目指すＴＯＥＦＬやＣＥＦＲのスコアを入れ、学習支援センターのプログラムへの参加など、それを達成するための工程表を自分で設計する。

一人ひとりのマップに個性があり、どれが正解とはいえない。もちろん実現可能性に問題がある場合などは指導教員と話し合い修正も行われる。また、学期ごとに〝振り返り〟を行うことで、見直しや修正を施していく。少なくとも、万人に適した大学教育があるということはないだろう。それぞれが持つ個性を伸ばす〝道筋を示す〟のが、ラーニング・ルートマップなのである。

4　初年次教育の評価——中退は「いい大学」と「悪い大学」を評価する指標になるのか

一般的に考えられる大学中退の理由は、第一に経済的なものである。学費負担に耐えられない、あるいは卒業後に期待される収入などのメリットと比べて、割に合わないということも理由に含まれるのかもしれない。第二の理由としては、心理的、精神的なものがある。対人関係の不適応や大学という環境での不適応である。第三の理由は、学力事由からであろう。高校までの基礎学力が欠如していたために大学での学修についていくことができない。あるいは学修目的や学修に関する動機づけが欠如していたために、入学前に想像していたこと以上に現実とのギャップが大きく、ついていくことができなくなったケースもあるだろう。

同じような事由だが、勉強する習慣がない学生もいる。いわゆる学習習慣の未修得である。このような学生は、大学は遊んでいても卒業できると思って入学してくることが多い。ところが現実はそうではなかった。しかし、勉強する習慣がないために不適応を起こしてしまうのである。このようなことが、大学中退の理由として一般的に考えられてきたのである。

中退の多い大学は悪い大学なのか

結論を先にいえば、これらの中退の理由に対し、速やかに、そして的確に対応できれば、中退問題は最小限にとどめることができるだろう。初年次教育や学生支援などの各種プログラムを充実させ、それが適切に実施されるなら、中退者は減る。学生が不適応を起こす前に未然に解決することができるからだ。

だが、もう一つ次元の異なる重要な問いがある。それは「中退させる大学は悪い大学」か、というものである。例えば、マスコミである。

マスコミは中退率が高い大学があたかも悪い大学であるかのように一律にランキングしたがる傾向がある。中退率が、大学を評価する尺度の一つになっている場合もある。だが果たしてそれは、尺度として有効なものなのだろうか。

日本の大学の中退率についてみてみる。大学中退率の国際比較データでは、日本は約一一％。ＯＥＣＤの平均は三一％。イタリアの五五％やアメリカの五一％と比べると明らかに低く、ＯＥＣＤ

加盟国の中でも低い水準である(OECD, Education at Glance, 2008)。

イタリアのように、直ちに労働市場に出ていけない人たちをプールしておく場として高等教育が利用されているケースもある。伝統的に北欧を始めとするヨーロッパでは、高等教育は無償。だから、自国の学生から直接学費を徴収することはない。そのため、社会保障制度の中では、いわば失業者のプールとして高等教育機関が利用されるという側面もあったのである。

日本の中退率は諸外国に比べ低いのは事実である。だがこの数字によって、日本の高等教育がうまくいっている、あるいは高等教育の水準が高いと判断できるのだろうか。中退率を大学間比較の指標にするなら、中退率が低い事実をどのように解釈すればいいのだろうか。またなぜ日本の大学の中退率は低いのだろうか。

仮説はいくつか考えられる。一つ目は、日本の大学教育が効率よく機能していて問題がないために中退率が低い。二つ目は、進級や卒業における質保証が機能していないため、誰もが卒業しやすい。三つ目は、中退の危機を防止するメカニズムが整備されているから。四つ目は、「中退」という言葉が持つ社会的なマイナス・イメージである。つまり中退は、落伍者、失敗者などというイメージがつきまとうためである。いわば、社会的スティグマ(烙印)を押されてしまうのである。大学中退を悲観的にとらえる見方は少なくないのだ。

中退率が低いのは、教育が順調に機能しているからだとみなす場合だが、この見方を理解するためには、高校と大学の比較が重要なポイントになる。まず日本の高校は、留年や原級留置きを原則として行っていない。このことは重要だ。日本の高校では、全日制への通学が難しい生徒は定時制や通信制に転籍するのが一般的である。このように中退という現実に直面させることなく、定時制や通信制に転籍させるという方法を取っているのである。だから中退率が抑えられているのだ。

だが実際は、学校基本調査には通信制高校の中退率というデータは存在しない。つまり、通信制高校の中退率は分からないままで、実態は把握できていないのである。

こうした暗黙のバイパスが存在しているからなのか、日本の高校全体の中退率は全体として定量的に把握できない仕組みになっている。結果的に高校中退率が低いのは、高校教育の潜在的中退や質保証の問題が表面化しない仕組みがあるためかもしれない。このような実情があるにも関わらず、文科省や中教審は大学入試の多様化を推奨し、一八歳人口の減少の進行もあって、ＡＯ入試や推薦入試などの普及に努めてきた。結果的に大学に簡単に入学できるような施策を進めてきたのである。

高等教育の質保証が十分でない状況の中で、中退という〝社会的スティグマ〟の表面化を忌避するために、高校や大学が留年、原級留置きなど十分な教育の質保証を行っていない結果として、中退率が現状のように低い水準にとどまっていると、みることもできるのである。

初年次教育の評価

初年次教育に関して、ここまでいろいろと述べてきたが、初年次教育の成果とは何なのかと問われると、即答することは難しい。まだ答えは定まっていないのが現状である。まだ歴史の浅い、新しい教育プログラムなのである。実績を積み上げ、これから経過も含めて、分析していくことが強く求められている。

評価のための測定方法はいろいろとある。この表は、アメリカのクレムソン大学のアセスメントオフィスのウェブサイトで紹介されている評価方法を整理したものである。

（出典：Clemson University の Office for Institutional Assessment のウェブサイト（www.clemson.edu/assessment）掲載情報を基に講演者作成）

教育評価は直接評価と間接評価に大別できるが、日本の大学では間接評価の方が多く、その中でも学生生活や満足度など、主観的に学生がどう感じたかをアンケートするものが多い。インタビューなど定性的なものもあるが、定量化できるものもたくさんあり、直接評価にはこのように様々なものがある。評価を進めるには、これらをどう組み合わせて考えていくかが重要だ。

初年次教育の内容を考えると、何に焦点をあてるかということによってアセスメントの方法は変わってくる。複数の内容を含むのであれば、多元的な評価でなければならない。どれか一つを選んで使うにしても、単一尺度で行えるはずはない。また、間接的な「役に立った」という評価だけでは不十分だ。そこで、ここに示したような直接評価と組合わせることもできるだろう。

科目群としては、初年次教育は比較的評価がしやすく、中退率や満足度が改善されれば、おそらく多くの大学関係者は効果があるといってくれるだろう。しかしながら、専門教育との連続性や、学位プログラムの一部であるという観点を忘れてはならない。これからの初年次教育に必要で、しかも非常に重要になってくることは、他の教育課程との繋がりだろう。初年次教育をスタンドアローンのプログラムとして置いておいていいのかということである。はじめに答申でみたように、入学者選抜や入学前教育との関係のさらなる明確化や強化も行わなければならない。また、初年次教育としての評価プランをどのように作成するかということもますます重要になってくるに違いない。担当者にとっては深刻な問題だろう。

近年の初年次教育の大きな特色の一つは、チームで教育を行うことである。日本の多くの大学では、かなりコーディネーターがマネジメントしている。例えば学修技術の教え方をマネジメントせずに、教員によって流儀が違うならば、昔のゼミ教育と何も違わない。

しかしながら、初年次教育というのは大学教育改革のフロントランナーである。担当者の中に専門家がいるわけではないし、初年次教育という学問分野（ディシプリン）があるわけでもない。だから、いかにして自分たちが行っていることの効果を説明するかが重要になっている。

アメリカの中退問題

ところで、アメリカの大学の中退問題はどうなっているのだろうか。高大接続のシステムが異なるので単純な比較は意味がないと思われるが、とりあえず状況を概観しておきたい。

アメリカの一年生から二年生への学業継続率（リテンション＝retention）のデータをみておこう。リテンションとは、一年生から二年生になる時に同じ大学にとどまる、つまり一年間で大学をやめない学生の割合である。類型的にみて、最もリテンションが高いのは、博士課程を持っている高威信の私立大学。そのリテンション率は八〇％である。学士課程のみで大学院を持たない四年制大学（リベラルアーツカレッジなどの高威信大学も一部含む）は公立六五％、私立六七％。二年制の短期高等教育機関は公私立ともに五六％。日本と比べればリテンションははるかに低い（ACT Institutional Data File, 2012）。中退率は、中退によって失われる利益の大小が関係しているのか、入学者の資質によるのか、一般的に威信の高い大学ほど低い傾向がある。アメリカの場合、かつては私立と公立の間では中退率の差が大きかったのが、近年はリテンションに差がほとんどないようだ。

次に、アメリカの大学の学士課程の「五年以内（短期高等教育の場合は三年以内）の卒業率」は、博士課程を設けている大学の私立では六三％、公立では四八％。学士課程のみを置く大学では私立で五五％、公立で三七％。短期高等教育機関では私立で五一％、公立で二五％である。私立の卒業率が高く、威信の高い学校種ほど卒業率が高い傾向がみられる。このように機関特性によって大きく異なるのがアメリカの特徴である。高校新卒者以外の社会人学生の存在や大学間移動がしやすいこともあり全般的に卒業率は低くなっている。

中退問題を考える上での最大の課題は、アメリカの場合、高等教育の第一世代問題である。以前はマイノリティ問題として扱われていた。いわゆる人種的なマイノリティ、ジェンダー問題である。アメリカの高等教育の中では、不利な立場にいる階層の人たちである。

当然のことだが、学生の中には、父母を含め、家族に高等教育を受けたことのない人がいる。彼らは「第一世代（first generation）」と呼ばれている。進学機会の不均衡が発生しないよう注視されている階層でもある。

一般的な、いわゆる多数派の学生の親学歴は、父親五四％、母親五七％が大卒。もちろん第一世代に親学歴はない。だが第一世代と呼ばれる彼らは、学生全体の一九・七％を占めているのである（The Chronicle of Higher Education 2012）。

親の経済力についてである。年収二〇万ドル以上の階層が一三％、二万五千ドル以下が一五％。幅広い所得階層から進学していることが分かる。様々なバックグランドを持つ学生たちが大学に入る状況は、日本がこれから直面していくであろう多様性の問題にアメリカがいち早く直面したことを意味している。

日本とアメリカの学士課程教育は、入学後の学修システムそのものの違いによって大きく異なっている。アメリカの大学生は大学に入学してから自分の専攻（major）を決めることが可能である。そのために専攻のミスマッチは少ないかもしれない。

一、二年次に一般教養（General education）を履修してから学びたい分野を決めているような印象を受けるが、アメリカの大学生に「将来選択を考えている分野」を調査すると、「プロフェッショナル」と「ビジネス」の一四・九％を筆頭に、希望分野を持っている学生が大部分で、「未決定」はわずかに六・四％しかいないことが分かる。

アメリカの学生は、専攻分野を入学時に考えていないわけではない。だが、将来のプランを一定程度持ちながら、入学後一年半から二年は自分の専攻を考え直したり変更したりしているのである。日本でも金沢大学のように、入学時に学部・学科などを固定しない〝大括り入試〟を行う大学が出始めている。こうした対応は潜在的な中退を抑制する上で効果があるかもしれない。

アメリカと日本の大学生では、大学に入る段階ですでに意識に大きな違いがある。代表的なのが、希望する最終学歴。アメリカの大学生の場合、学士課程で終えようと思っているのは二一％に過ぎない。修士を希望するのは四二％。博士課程を望む学生は三四％に達している（The Chronicle of Higher Education 2013）。つまり入学時で、三分の二以上の学生は、学士課程教育を通過点と考えてい

るのである。中退率は高くとも、学士課程教育の位置づけや動機づけが日本とは大きく異なってい
るのである。
学士課程教育、あるいは中退問題を考える時に、考慮に入れなければならない要素がある。この
ことを見落としてはならない。それは、日本の学生は、アメリカの学生と違って理系を除き、卒業
後すぐに社会に出なければならないということである。接続あるいは選択を誤らないような仕組み
はもちろんだが、補完するシステムもきちんと機能しているかどうか、もっと考えていかなければ
ならないのである。

日本の高大接続の課題は何か

私たちが中退問題にセンシティブになるのはなぜだろう。
大学が受け入れる多様な学生たちは、高校教育で質保証の仕組みが十分機能しない状態で送り込
まれてくる。最大の理由は、日本の高等教育は学習指導要領の〝履修主義〟であり、〝修得主義〟で
はないことにある。学習指導要領は、高校教育で教授する内容に関する〝指導要綱〟であり、それ
が身についているかどうかは最終的に問われることはない。そして、卒業の可否は、高校長の裁量
権に委ねられているのである。つまり、制度的な質保証を求めるのは困難な状況にあるといってい

い。そのため高校卒業時の学力の質保証は不問に付されるのが実情である。

すでに四割の私立大学が定員を割っている。そして、本人が進学を希望すれば、必ずどこかの大学に入学できる。つまり、ユニバーサルな状況に実質的になっている。一八歳になると大学に進学することがごく当然のことのようになっているのだ。

その結果、大学入学時の入学者の学力の質保証については、社会的な〝懐疑〟の念を抱かれているにも関わらず、高校教育の中退率が潜在化されていることによって、ほとんど問題は表面化していない。だから余計に、国際的に高いとはいえない大学の中退率が、より大きくみえてしまう側面があるようだ。つまり、〝特殊性〟の大きい日本の視点からは、中退問題が過大視されやすい特性を持っているということである。

高大接続の問題の二点目は、学位の種類、学部・学科の種類があまりにも多様化していることにある。これは規制緩和によるものだが、例えば、日本の学士学位は何種類あるのだろうか。このような質問をすると、「学位は一種類で、数多くの種類は括弧書きでしかない」という答えを聞くことが多い。

多くの大学卒業生もそう思っているのだろうか。世界で一つしかない学位ということを公言する大学もある。学位の種類はどれくらいあるのか。驚くべきことに、括弧書きでは七八〇以上に及ぶのである。このような状態の中で、高校生は進路選択をスムーズに行うことができるだろうか。学部・学科も同様に多様化状況が存在する。

例えば、大学設置認可申請では次々と新しい学科名での申請が行われている。新たな専門職大学の申請に至ってはその傾向はさらに顕著になっている。だが、審査の過程で専門委員会などから様々な意見が付されると、特色のある部分や内容を削ってしまう傾向が強い。ユニークで特色のある学科名がつけられていても、カリキュラムをみるとその名前にふさわしいとはいえない平凡な内容にレベルダウンしていたりする。申請後の申請取り下げの件数も二〇一〇年代に入って増加している。ある意味では計画性や正当性に乏しい新増設が行われているともいえるのだが……。

こうした事態は、〇一年の総合規制緩和会議の方針を受け、中教審や文部科学省が設置認可の規制緩和を行ったことに起因している。いずれにしても、高大接続への影響は深刻である。すなわち進路選択のための情報が高校生や高校教員には分かりにくいからである。そのために内容を十分理解しないまま進路選択が行われている可能性が高いのだ。こうした分かりにくさ、情報不足が中退問題にみえない影響を及ぼしている可能性も否定できない。

三点目の問題は、進学準備が不足している入学者の増加である。準備不足は、学力、学習習慣、学修動機、学修目的など様々な局面で発生している。このような学生の増加は、入学を許可した大学にとって結果的に大きな負担になる。だが、定員確保を優先すればこうした学生を受け入れざるを得ないのが実情である。特に、地方や中小規模校でこうした問題が発生しやすいのではないだろうか。

四点目は、大学入試についてである。これに対しては産業界などからも多くの批判が集中してきた。つまり、正解を択一型選択で丸をつける入試方式では、課題発見・解決能力に繋がる〝答えのない問題を解決する力〟を評価することができないというのである。暗記型学習に対応した入試方式は、社会的理解を得にくいのは確かである。学習指導要領改訂と新たな入試によっていよいよ新しい段階を迎えることになったが、この高大接続改革によって日本の学校教育が本質的な転機を迎えていることは間違いない。

大学入試の内容が大学での学修に必要な能力と同一レベルにあるかということである。これは必ずしもイコールではない。なぜなら、高校の学習指導要領の枠内で入試問題を作成することが前提となっているからである。このような条件下にある限り産業界などが求める、問題解決能力や批判的思考力を測る入試を実施することは難しいだろう。

高大接続の課題は山積している。にも関わらず大学に対する評価を中退率という一元的な尺度で測るのは適当なのだろうか。中退率を無自覚に信頼し、比較尺度として用い、「いい大学、悪い大学」として評価を下す――このようにして大学同士を比較することが本当に正しいことなのであろうか。私はそうは思わないのである。

中退問題にどう対応するのか

われわれは中退問題に、どう立ち向かえばいいのだろうか。「中退させる大学は悪い大学」「中退する学生が出るのは大学の教育が悪いから」「中退する学生は個人に問題がある」、あるいは「中退する学生は人生の失敗者である」といった極端なイメージを持つ方も少なくない。

だが本当にそうなのだろうか。中退問題を考える視点として、次の二つを検討する必要がある。

一つは、入学定員制に関すること。現在の日本のシステムでは、いったん大学に入学すると転学することが難しい。この問題をこのまま放置しておくわけにはいかない。

二つ目は、高校教育の質保証の必要性である。高大接続改革によって確かに、大学入試が変わり、大学教育も高校教育も転機を迎えようとしている。しかし、高校教育の質保証はどのように実現されるのだろう。高校に入学した生徒が九九％近く三年で卒業するという仕組みを改善する必要があるのだ。そうしないと、準備不足の状態で大学に入学してくる学生を減らすことはできないだろう。アクティブ・ラーニングを取り入れるにせよ、大学入試の在り方が変わるにせよ、それが現在の誰もが高校を卒業し、大学に入学してしまうという、質保証が不在の高校教育の課題を解決することとイコールではない。

高大接続改革に議論の途上では、現在の大学入試センターテストを、応用レベルと基礎レベルの二種類のテストに発展させるという構想があった。前者が、二〇二〇年からの新しい共通テストというものになっていく。他方後者は、「学びの基礎診断テスト」という名称で、高校内部での学力定着の診断テストに変質し、高校生の学力質保証とは直接繋がらないものになってしまった。高校生自身の学力質保証はこれまで通り高校長の裁量権で卒業を認める〝履修主義〟のままである。〝修得主義〟への転換は高校関係者によって阻止された。学力が多様化した高校入学者の学力の質保証は、各高校やせいぜい教育委員会任せのままである。高校教育の質保証は、大学入試問題にすり替えられたともいえる。

個別大学の中退問題への継続的な改善努力が必要であることはいうまでもない。アメリカのＩＲ（Institutional Research）の手法をみると、ある時点で他大学と比較する場合もあるが、自学での教育活動の改善がどのように進んできたのかといった成果のほうに、より力点が置かれているように思われる。他大学との平面的な比較よりも、自学の継続的な改善の把握による検証のほうがより重要である。個々の学生の評価に対し、パネルデータを活用する知見も大きな意味を持ってきている。

だがこれだけで問題が解決するのかといえば、もちろんそうではない。質保証の仕組みが整備されずに、中退率だけに注目するのは正しいことではない。高大接続問題と高等教育の質保証、これらの構造的な問題の解決なくして、中退問題は改善されない。中退問題は、ミクロな視点でいえば個別の大学の教育の問題である。一方、マクロな視点からアプローチするならば、高等教育システム全体の問題なのである。

初中等教育でも原級留置き（いわゆる留年、落第）のある国は少なくない。原級留置きのある国としては、アメリカ、カナダ（以上は特定科目不合格のケースのみ）、ドイツ、オーストリア、スイス、オーストラリア、ニュージーランド、イギリス（ただし、上級学年のみ）など多数に及ぶ。原級留置きを初中等教育で導入していないのはアジアでは日本、韓国、ヨーロッパではノルウェー、フィンランド、スウェーデンなどの北欧諸国である。アメリカ、カナダ、ドイツ、オーストラリアなどでは、授業についていけない子どもをフォローアップする方式が有力である（Steiner, Karen Grade Retention and promotion, 1986）。

現在の日本のように履修主義の教育では、卒業は高校長が認めさえすれば不十分な修得度でも可能になる。また、学力修得が十分であるか否かの評価は主観的になっているといわざるを得ない。このような高校教育の質保証と接続の仕組みを改善しなければ、高等教育の質保証と中退問題を解決するのは難しい。

大学入試が一部の難関大学を除き易化しているのが近年の傾向である。これでは大学入試によって「高校教育の質保証」をチェックすることはできないだろう。にも関わらず、我が国では、アメリカのＡＯ入試のように、ＳＡＴやＡＣＴといった外部テストという学力についての外的基準による保証を必ずしも求めていないのである。このような状況の中でＡＯ入試や多くの推薦入試をどのように新しい仕組みの中で改善するのか。高大接続の円滑化や、質保証と中退問題の両方の解決を図るにはどうしたらいいのか。これらは喫緊の課題となっているのである。

入学定員制を採用している我が国の大学、特に私立大学にとって、定員割れは避けたい事態である。学納金収入の減収に直結するし、私学助成などの補助金にも影響を与える。そのため不自然な、定員確保が優先されるようになる。

アメリカの大学の、中退対策を紹介してみよう。ＡＣＴが一九八三年以降、中退率、卒業率データを集めて分析している。まず学習面、非学習面での問題を学生に指摘し、知的刺激と補助、また人間関係を支援している。これらは、キャンパス内での多様な関係を通じて行われる。これが八〇年代の後半でのことである。

〇〇年代の中頃に入ってからは、「個人の特性からも中退問題は発生する」という新しい視点が加わる。そして初年次セミナー、初年次教育を単位化したり、アカデミック・アドバイジングなどの学修支援の仕組みを強化したりしている。アカデミック・アドバイジングとは、卒業・進路、あるいは履修相談などを始めとする学生の学びを支援する教育活動のこと。アメリカの大学では、学生の多様化と学力の多層化が進んでいる中で、以上のような一連の中退対策が実施されたのである。

大学教育の持つ手段性と主体的な学びの両立というは、可能なのであろうか。「大学教育の主たる利点とは資金力を増すためである」という意見に賛成する学生が七二・三％に達するのがアメリカの現状である。

大学に進学する理由(複数選択)は、「よりよい仕事に就くため」八五・九%、「特定の職業への経路」七七・六%、「より多くのお金が欲しい」七一・七%、「大学院進学の準備」六一・四%などである。大学進学を、〝手段〟としてとらえているのだろうか。〝学び〟そのものが動機となっている「興味のあることを学ぶ」八二・九%、「一般教育や知識理解のため」七二・四%などと拮抗しているのである(The Chronicle Higher Education 2012)。

手段的かつ具体的なものも含め、大学に求める動機は様々。まさに高等教育の多様化である。日本で同じようなアンケートを実施しても、これほど明確なものは出てこないだろう。にも関わらず、入試の募集単位は細分化されている。なぜなのだろう。現実にはあり得ないが、受験生が学部・学科の内容を熟知し、理解していることを前提にしているからだろうか。あまりに細分化された募集単位は、入試の仕組みとともに考え直さなければならないのではないだろうか。

前にも述べたが、学部・学科、学位の括弧書き多様化は、受験生にとってどのような利益をもたらすのだろう。さらにいえば、多様化にふさわしい有益な情報が提供されているのだろうか。そうでなければ正しい選択はできない。このような行き過ぎた多様化は、学位の整理・統合を始めとして、改めていく必要がある。国際的に通用可能なものにしていかなければならないのである。

質保証と中退率の相関関係

大学教育における質保証と中退率。この問題は同時に解決できるのだろうか。質保証を強化すれば中退率は上がる。逆もまたあり得るわけだが、これをどう考えればいいのだろうか。これからの大学は質保証を追求しなければならない。これは当然のことである。だが一方で、私学の場合はとくにそうだが、退学は学校経営に直接的なダメージを与える。いうまでもなく、基礎的な収入源である学納金収入に直結するからだ。この問題をどのように解決するのかは、今後より重要性を増す課題になっていくだろう。

現在中教審の大学分科会将来構想部会は二〇四〇年を見越した高等教育の将来像を審議し、中間まとめを公表した。その中では「二〇四〇年を迎えるとき、我が国が世界の中で、どういう役割を果たすことができるのか、という観点は、我が国の高等教育の将来像を考える上で、その展望を踏まえておくことは重要である。これまで我が国は、教育の力で人材と知的な財産を生み出し、世界の中で活躍の機会を得てきたと言える。現在、我が国は、課題先進国として、世界の国々が今後直面する課題にいち早く対応していく必要に迫られている。成熟社会を迎える中で、直面する課題を解決することができるのは「知識」とそれを組み合わせて生み出す「新しい知」である。その基盤となり得るのが教育であり、特に高等教育については、我が国の社会や経済を支えることのみならず、世界が直面する課題への解決にいかに貢献できるかという観点が重要である」と、単なる知識暗記型能力との決別と課題解決型人材の育成の必要性を強調した(中央教育審議会大学分科会将来構想部会「今後の高等教育の将来像の提示に向けた中間まとめ」二一頁、二〇一八年六月二五日)。

しかしもう一つ本質的な課題を忘れてはならない。それは何より入学者に不利益を及ぼしてはならないということである。質保証の推進に加え、学修支援、初年次教育、アカデミック・アドバイジング、そして奨学金の充実など、様々な学生支援をより充実させていかなければならない。そのためのより良い仕組みを構築していくのがわれわれの責務なのである。

中退の問題は、マクロ的に考えればユニバーサル化の進行と質保証への圧力であるといっていい。これを避けて通ることはできない。大学は時に、中退率が高くなると予想されていても、あえて施策を打ち出さざるを得ない局面にも遭遇する。

重要なことは、より本質的な中退原因の発見である。個別大学や個々の家庭的な背景にとどまらない中退率を左右する因子の発見である。個別大学にとって中退問題は、忌避すべきものである。だが原因の究明と特定のための努力と分析は、継続的に進めていかなければならない。もちろん併行して、教育内容・方法の充実、学生支援、教育支援などを行っていくのはいうまでもない。

ミクロ、あるいはマクロ的な視点。そこからみえてきた、相反する要求。さらに新たな時代で求められる資質やスキルの修得。それらを充たすものは何か。この難題に、私はもちろん、大学という組織も、総力をあげて対処しなければならない。非常に難しい課題である。だが、継続して取り組んでいかなければならないのはいうまでもないのである。

第5章　これからの教学マネジメントの課題

1　「大学の教育力」をどうとらえていくのか

大学の教育力が問われている。国際的にも大学の教育力に注目が集まり、とくに学生の学修成果の向上が重要な論点になっている。一方で説明責任の観点から学修成果を検証し、結果の透明性を高めることも、社会の公器としての大学の役割である。

では「教育力」をどのようにとらえ、どのように測定し、それをどう評価するのか。これからの高等教育を考える上での重要な課題である。

ここでは私が所属している大学教育学会で行われたシンポジウムの模様を紹介したい。私が指定討論者となり、シンポジストである四人の先生方の報告に基づいて検討させて頂いたものである（大学教育学会第三八回大会　於：立命館大学大阪いばらきキャンパス　二〇一六年六月）。

シンポジストとその報告内容は、「大学運営の観点から」～吉武博通氏（筑波大学）、「ＩＲと教学を担う職員の視点から」～山本幸一氏（明治大学）、「成果の見える教育実践の視点から」～日向野幹也氏（早稲田大学）、「高等教育開発の観点から」～佐藤浩章氏（大阪大学）。学会の共通テーマは、「伸びる大学の教育力～成果を出せる大学にはどのような教育力が必要なのか」である。だが私が参加したこの四人の先生を中心とした分科会の研究のテーマは、共通テーマよりもさらに具体性を帯びた「伸びる大学の教育力は何が違うのか～データにもとづいて検討する」というものであった。

「大学の教育力」～組織論的アプローチ

最初の報告は、吉武博通氏の「大学運営の観点から」である。組織論的な立場から、教育力を備えた組織の条件を論じたものである。氏の問題意識の根底には、中教審のいわゆる〝四六答申〟（一九七一年）以降、大学におけるガバナンスとマネジメントに関し、数々の問題点が指摘されていたにも関わらず、なぜ大学という組織は自らの力と努力で改革や改善を図ることができなかったのかという疑問があった。バーナード（組織論の祖　経営学者　アメリカ）やサイモン（ノーベル経済学賞

受賞 経済学者 アメリカ）といった組織論の大家の理論を引用しつつ、日本の大学の組織的性格の中に、大学改革が進んでこなかった原因を求めている。そして、組織的性格の持つ多義性を解決しなければ、大学改革は進展しないと分析しているのである。

同氏は、多年にわたって大学が自ら改革ができなかったのは、構成員の間で組織目的が共有されなかったことが原因だとみている。同時に、目的共有の前提である自校の強みや弱み、すなわち〝存在意義〟についての議論がなされてこなかったことも関係していると分析している。こうした状況から脱却するためには、組織としてのガバナンスとマネジメントを確立するしかない。そのためには、教職員個人やステークホルダーとの繋がりを形成する組織体制の構築が必要であるという。これらの人々が参画するためには、「好奇心」「思考力」「行動・動機」という三つの要素を創出していくマネジメント抜きには実現できないという見立てである。

この報告に対して私は次の三点の質問を行った。最初の質問は、目的の確立についてである。組織論的見地から大学の教育力をとらえる視点は新鮮かつ重要である。だが、「共通目的」の確立を成功させるコミュニケーションの条件とは何なのだろうか。その確立が実現できなかったために、改革が進んでこなかったとすれば、それを解決に導く秘訣、Tips（ヒントや助言など）はあるのか、という質問である。

第二の質問は、大学とステークホルダーとの関係についてである。この報告では、ステークホルダーが大学に対して「規律づけ」を行うという一方向でとらえている。だが、両者は相互関係ではないのだろうか。相互関係でなければ、組織と個人がともに成長する好循環は生まれない。そこを問うてみた。

質問の三つ目は、同氏が大学教育の改革の結果をもたらすと考えている〝学修成果〟についてである。これは、いわゆるコンピテンシー（成果を生む望ましい行動特性）と理解していいか、という認識の確認であった。同氏の回答では、コンピテンシーの概念と同じであるかどうかは留保された。

教育力をより高めていくためには、大学はどのような組織でなければならないのか。そもそも教育力を増すための組織の在り方はとは何なのか――それに向かうための目標の立案については、単純な定量化を肯定されなかったことは興味深い。

また、ＫＰＩ（Key Performance Indicator ＝重要業績評価指標）ということをいうようになってから、日本企業の成長に陰りが表れ、伸びやかさが失われたとも指摘していた。さらに「好奇心」と「深く考える」ことは大学でしかできないとした上で、大学が同じ方向性に向くことへの危惧も示されていた。そして、組織の中で教育力をどのように定義し測定・検証するかは重要な課題でありながら、実現は難しいことを暗示されていた。また、現在の大学にはリーダーシップを持ったファシリテーター役（調整役、進行役、促進者など）が不在であるため、各大学が育成していかなければならないという指摘も印象的であった。人材育成の重要性はもっともではある。だが一方で、目標設定の曖昧さとリーダーの不在という組織論の基本に課題を持つ大学は、深刻な危機状態にあるとみておられるようにも感じられた。

「教育力」が形成されていく過程でのデータ分析

山本幸一氏の報告は、「ＩＲと教学を担う職員の視点から」である。教学支援とＩＲ（Institutional Research）を担当する事務職員として、ＩＲデータの分析を通して得られた知見と経験に基づく実証的な報告である。同氏の言葉を借りれば、「内部質保証の実質化」をキーワードに、大学の教職員の中で「教育力なるもの」がいかに形成されていくのか。そしてそこに、いかなる課題が存在し、どのように実践されているのか――データを踏まえながらの分析・報告が試みられた。

同氏は「教育力」を、「教育の改善力」であると操作的にとらえ研究されている。内容は興味深く、様々な知見も見い出されている。ＩＲ専門家としての期待を、大いに実感させるものであった。

この報告に対して、私は三点の質問を行った。

第一の質問は、評価指標の測定と学修成果に関することである。結果アウトプット、直接的アウトカム、最終アウトカムといった概念は理解できる。だが、実際に測定尺度として何を用い、どのような測定方法を採用するのか。そして、ＩＲデータが示す指標のどれが、それらのどの部分に対応しているのかという点についてである。

第二の質問は、評価指標の妥当性についてである。大学の類型分析を行う場合、「代理指標」という設定を用いている。だが問題は、その代理指標で測りたいもの、測ることができるものが、そもそも妥当なものなのかどうかという点にある。大学基準協会は指摘事項数を「教育力」の代理指標としている。しかし、その指標で比較できる「教育力」がどのような意味を持つのかについては、十分な説明がなされていない。何らかの説明が必要なのではないかと思うが、この点はどうなのだろうか。

最期の質問は、教育力の測定・評価の単位についてである。教育力をどの単位でとらえるのが有効なのかということである。大学全体で測るのか、学部・学科ごとに測定するのか。その考え方を尋ねた。私は学位プログラムごと、言い換えれば学部・学科それぞれの違いをとらえ、その単位で改善を図らなければ、大学の教育力は向上しないのではないかという意見を述べた。

同氏からは、今回の報告は現状分析が中心であり、学生の変化をとらえるまでには至っていないこと。また、学科教育の中で特徴あるプログラムに注目して、「教育力」の単位として学科単位でみていきたいという今後の研究の方向性を示して頂いた。

教育力の数量的成果と質的評価～成果のみえる教育実践の視点から

日向野報告は、自らが中心となって立教大学で展開してきたビジネスリーダーシップ・プログラム（以下、BLP）について、その教育力としての評価を、数量的成果と質的評価の両側面から説明したものである。前者の数量的成果については、大学教育のインプット（偏差値）、スループット（学部教育への満足度、学生部の生活アンケート、中退率）、アウトプット（就職状況、OB・OG会による教育効果測定）のそれぞれの段階で測定していた。

後者の質的評価については、着眼のユニークな指標を多く設定されていた。学生が教員に提案する習慣、教員と学生に対する教育・指導に学生自身を活用するスチューデント・アシスタント（SA）の会議からのイノベーション、大半の専門ゼミのアクティブ・ラーニング化、学生同士がフィードバックし合う習慣、内向的な学生でも居場所があるといった学修課程における能動的なリアクションの事例に加え、「顕彰」の数々や他学部や他大学や学会設立などの波及状況をあげられていた。説得力のある証拠の提示で、BLPという、その成果がよく知られた教育プログラムならではのものであった。だが、質的評価については、被評価者自身に対しどのような尺度を設定するかという評価プランが重要なポイントになってくる。この意味で、学習成果の可視化への積極的な一つの例示といえるかもしれない。

同氏は成果がもたらされた理由として、徹底したアクティブ・ラーニングと経験学修をあげている。具体的には学修目標として「リーダーシップ」を掲げたこと。また、高校生・受験生が、学修目標と同じかそれ以上に学習方法に敏感であったこと。さらにＳＡ制度の新しい活用方法を採用したことなどが有効な成果に繋がったようだ。

この報告について私は三点のコメントを提示した。第一に、ＢＬＰの学位プログラムの中での位置づけである。ＢＬＰの教育プログラムとしての優秀性には敬意を表している。だが、経営学部の学位プログラムの全体、つまり一二四単位の中では一〇％未満であるに過ぎない。他の科目との連携はどうなっているのだろうか。いかに優れた教育プログラムであっても、教育内容や教育方法など、他の科目とのバランスのよい連携がなければ学習成果に繋がりにくいことを確認したかったのである。

二つ目のコメントは、一つ目と関連するが、教員文化づくりをどのように実現していくかについてである。日向野氏は本務校を異動されている。このことと関連しているが、異なる組織文化を持つ環境で、こうしたプログラムを定着させていく難しさは何なのか。同時にそれを乗り越えるためにはどうしたらいいのか。考え方も含め、私は、ある意味で抱負を尋ねたかったのである。

報告では、他科目へのアクティブ・ラーニングの波及、また学生の変化に対して教員の考え方が変わっていくケースなど、組織的な教育へと繋がる事例などが紹介された。

コメントの三点目は、持続可能な教育プログラムづくりへのビジョンについてである。評価については、量的・質的な様々な指標を組み合わせた評価プランに加え、ＯＢ・ＯＧ会などの評価も積極的に進めているようだ。だが、学習成果の評価を今後どのように可視化し、それを強化しようとしているのか。さらに持続可能な教育プログラムとして発展させるために、どのように考えているのかを尋ねてみた。

この点については、リーダーシップの三要素をルーブリック化して効果の測定を始めているという。また、学業成績には表れない成果の重要性も指摘されていた。

エビデンス重視の評価を定着させるために

最後の登壇者である佐藤氏の報告は、エビデンスベースの高等教育開発からのアプローチである。この試みは、教育力を共通の土俵で議論するために重要かつ不可欠である。マクロ～ミドル～ミクロの三つの位相が視野に入っていて、構造的な把握がしやすいものであった。

同氏には、評価文化の定義における必要条件を尋ねた。どのようにして（教育力の）測定と評価を行うのか。定量的方法と定性的方法（記述報告や社会的インパクトの評価手法など）をどのように組み合わせるのか。これはとても重要である。そして、具体的な評価の体制はどうなっているのかについてである。まずは、評価の担い手である。エビデンス重視の評価を定着させるための担い手は誰なのか。彼のいう「デベロッパー」以外にどのような役割の人たちとどのように協働していくのか。そして、評価文化を大学に定着させていくためのストラテジー（戦略）は何なのか。どのような情報を発信し、ステークホルダーとの関係をどう構築していくのか。その見通しについて尋ねた。同氏は、持続可能な体制の確立のためには、議論し、「(FDが)やってみて、意味のある成果を上げる」、という好循環を作り出していく必要があるが、このような体制の構築には、一定の時間が必要であることは言うまでもない、エビデンスも大学によって意味が異なることもあり、一朝一夕にいかない難しさも併せて指摘された。

評価の担い手をどう育てるのか。持続可能な体制を確立するためには、経営を理解する理事、冷静なIR、熱心な教育実践家、強いリーダーシップを持つ学長の存在など、様々な役割を持つ人材が必要である。これらがチームを組み、共通の目的を共有して行動しない限り、評価の担い手の育成はもちろん、評価文化の定着も難しいという所見が述べられた。

「教育力」の多義性

改めて趣旨文から本シンポジウムのキーワードを拾ってみる。そこでは、「大学の教育力の証(あかし)としての学生の成長と、それを確かにする大学の力量の強化の双方において、我々は絶え間ない検証の視点を投じる必要があろう」(傍点は引用者)と記されている。つまり、「学生の成長」と「大学の力量」をどのようにとらえるかということである。各報告者には、「根拠として(中略)、有用な情報を取り出しつつ、さらなる伸長への意思決定につなげていくことが求められ(中略)、それを可能にする条件とはいったい何なのか？　大学の教育力を測定し得る指標をどのように考えればよいのか？」といった論点を引き出し、これらについて議論が展開されることが期待されていた。

前者は「学修成果」に近い意味だと考えられる。学修成果とは、学生が入学時から卒業時までに、知識、スキル、能力などが、どのように伸長したかという成長度とも考えられる。だが、それだけでは不十分だ。学修を通じて何ができるようになったのかが、より重要である。いずれにしてもアウトプットの視点からのアプローチである。

後者は、アメリカのカレッジインパクト理論を具体化したA・アスティンのI・E・Oモデルでいえば Environment（環境）に相当する部分と思われる。この Environment には、履修科目、クラス、教員、専門分野、GPA、学生生活の影響が含まれる。「環境」はアスティンのモデルに沿えば、学生への関与（involvement）の程度を左右するし、ティント（社会教育学者　アメリカ）のモデルであれば大学という環境での学生の経験が重視される。大学内部において既得情報と他の要素との情報を関連づけるための、関係性の分析を重視しているのである。

本シンポジウムの企画に影響を与えたと思われるものの一つに、序章でも取り上げた金子元久氏の著書『大学の教育力～何を教え、学ぶのか』（前掲書）がある。同書では〝教育力〟の定義を「ひとまず」と但し書きを付けた上で、「大学教育が学生に与えるインパクト」と定義している。金子氏によると、この〝教育力〟は「単に大学の側の働きかけのみによって決まるものではない。（中略）学生の側にどのような知的・意志的な準備があり、大学教育に何を求めるのか、が重要な要因になる」とし、「大学の教育力は、一方において大学の側の教育の論理と、学生の側の成長の論理とが交錯するところで発生する」と述べている。

最近注目されているIRの手法の一つに、教育機関間の比較がある。この手法の目的は、比較的条件の近い大学などを比較対象とし、どのような側面で自学が優れていたり、劣っていたりしているのかを分析し可視化することにある。しかしこれだけでは不十分である。というのは、学生側の条件の違いも加味する必要があるのではないかと思うからである。金子氏の表現を借りれば「学生の側の知的・意志的な準備」の度合いやパターンによって、学習環境や学習機会、教育方法などがアウトプットにどう影響を及ぼすのか——これらの違いを明らかにすることも意義の一つだと考えられる。

現在日本の大学が直面している課題は、入学してくる学生の多様性である。大学教育のインプットの段階での多様性は、学力、学習意欲、学修目的、学習習慣など多面的に表出している。高校教育までの既修内容も決して均質的ではない。

「教育力」を扱うには、こうしたインプット段階での多様さを、どのようにスループット(処理能力)段階での仕組みで把握し、学生の多様性に対応した教育を提供するかにかかっている。教育力はアウトプットとスループットの総合的な指標なのであろう。そうだとすれば、教育力をどのように把握し分析するかは、実証レベルではかなり難しく、アウトプット段階で学修成果を測定する以上に困難である。スループット段階の「Environment」の効果測定においては、統制群と非統制群を比較する「コントロールグループ手法」が有効である。だが、こうした検証がつねに可能であるとは限らず、教育プログラムの事前・事後での測定に関しては、いまなお大きな課題が残されているといっていい。

このシンポジウムは、こうした複雑な構造を前提に企画されたようだが、残念ながら企画者と個々人、報告者の事前打ち合わせや意思疎通も十分ではなかったためか、繰り広げられた議論をテーマに沿った形で収斂させることがなかなか難しかったようだ。いずれにしても、各報告者のこれまでの優れた実践や研究成果の考査が十分に行われることは何より重要であり、前提でもある。このような大きなテーマを取り上げるシンポジウムには、報告者の実践や研究成果の考査が不可欠であることは確かである。

教育力と学修成果の可視化に向けて

少し視点を変えてみよう。教育力の主要指標を学習成果と考えるとすれば、学習成果をどのレベル（位相）で測るべきなのだろうか。中教審の質的転換答申（二〇一二年）では「アセスメント・ポリシー」に基づく、評価が求められていた。すなわち、学士課程教育のプログラムにおける共通の考え方や尺度に則った学修成果の評価である。では、教育力を考える場合、学修成果の評価の水準はどのレベルに設定するのだろうか。私は学習成果を評価するには、四つのレベルがあると考えている。

1．大学（Institutional）レベル、
2．学部・学科（Program）レベル
3．教員個人または科目単位レベル
4．学生個人レベル

3、4は、ミクロレベルでの学習成果を評価するものである。2は日本の場合、一二四単位の卒業要件を基本とする学位プログラム全体が対象となる。加えて単位が得られないCo-Curriculum（正規カリキュラムの延長上の各種コンテストやディベート大会参加などの学習経験）やExtra Curriculum（スポーツなどの課外活動などの正規外教育）までを対象にすることもあり得る。1は、複数の学位プログラムの総体として、当該大学が組織全体として学習成果を上げているかを評価するものである。

学位プログラムごとにいわゆる三つのポリシーの見直しの際には、三つの体系性が問われることになる。それらの内容や評価については認証評価で確認されることになるが、最も重要なのは学位授与の方針ＤＰ（ディプロマ・ポリシー）である。到達目標に達成できているかどうかがポイントになる。実際の学習成果の評価単位は2が基本である。各学位プログラムの学習成果が上がっていれば、1が達成できていると判断していいと私は考える。この意味で、現在の日本の大学教育で最も

求められているのは、２の学部・学科レベルでの学習成果の確認であるといえる。

しかし、本シンポジウムの各報告者の「教育力」のとらえ方（のレベル）には異なるものがあった。教学マネジメント、教育方法（教育プログラム）、測定・評価方法と、各報告者のアプローチはそれぞれ違っていたが、どのレベルで議論を進めるのか、その共通理解があらかじめ設定されていれば、より焦点が明確な議論になったのではないかと思われた。

本シンポジウムにおいては、結果的に報告者によって「学習成果」をどのようなものとして想定しているのかについても、共通の見方は存在しなかったように思われる。言い換えると学習成果は標準化できるという前提に立っているものと、個性的（ユニークネス）であるとするものとの混在であった。

本シンポジウムのテーマは「教育力」であった。それを可視化し、実証的にとらえるためには二つの方向性があると私は考える。

一つは学習成果について測定可能なデータを蓄積することにある。ＩＲの歴史が浅い日本の大学教育においては、山本報告にみられるように、大学間あるいはそれ以前に学内においても、学習成果を測定する尺度やその測定のためのデータの蓄積が十分になされていない。その結果として、測りたいものと測定に使えるデータの乖離が甚だしいのである。山田氏が紹介したように（山田、二〇〇七）、アメリカ国内で行われているような各種調査・テストの活用はまだ進んでいない。こうした背景も議論を進める上での条件の不十分さに繋がっているといえるかもしれない。

佐藤氏とのやりとりで明らかになってきたように、教育力に対する共通理解を学内的に構築していくためには、教員(教職員)の相互理解や共通目標づくりのためのコミュニケーションを図り、誰が主導(Who)し、どのような機会に(When)、何を素材に(What)、どのように(How)といったことが鍵になってくる。そのための素材や方法づくりに不可欠なのは学生の能力、意識、経験などの諸側面についてのパネルデータの蓄積である。これは、個人を特定して、学生個人の変化を図ることが可能な方式である。つまり証拠データを蓄積し、効果測定から、教育内容、方法、評価の在り方の検証に活用するのである。このような評価プロセスを実施しない限り、教育力の議論は抽象的、主観的になりがちで、その弊害からなかなか脱却できないのである。

もう一つの方向性は教育力を教育機関のスループットと考え、その構造的把握を尺度化することにあるのではないだろうか。

シンポジウムの趣旨説明で鳥居氏が指摘しているように、例えば、英国では課程修了までに知識や技能就業へのレディネス、個人の成長といった面でどのような付加価値(Learning Gain)が獲得されたのかを測定する政策が一五年から進められている(鳥居、一六)。アメリカのクレディテーション団体(公的な質保証の資格認定を行う機関)の一つＷＡＳＣは、〇八年機関単位の適格認定を行うにあたって、学生個人ではなく、大学版のルーブリックを開発して公表している。評価委員が、対象校を評価するに際に注目する五つの領域、すなわち「大学による教育課程の見直し」「大学による学習ポートフォリオの活用」「大学による学生の一般教養における学修成果の評価」「大学によるキャップストーン科目の活用」および「教育課程を通じた学修成果の質」の、それぞれの程度を評価するための複数の視点と、四段階からなる到達度の基準を示すルーブリックを開発、公表し、使用している。

学習成果の評価に用いられるルーブリックは、目標到達型の評価指標であり、学生の学習成果に対し、具体的な評価の視点ごとに、文章で記述された複数の到達度の基準を設定し、より客観的、あるいは共通的な評価を行うことを目的としている。（森、二〇一三）

私が訪問したサンディエゴ州立大学では、ＷＡＳＣのガイドラインに準拠して、「教育課程を通じた学習成果の質」の領域のルーブリックを作成していた。そして、評価の視点として「1．身につく学力の総合的なリスト化がされているか」、「2．学習目標は明示されているか」、「3．カリキュラムと学習目標は整合しているか」、「4．成績評価の方針は固まっているか」、「5．学生にとって教育課程の目的は意味があるか」の五種類の観点を設定し、それぞれに関して、①初期段階、②萌芽段階、③開発済み、④高度開発済みという四段階の到達度を設定し、評価の基準化を図っていたのである。

これらの動きは、必ずしも定量的に教育力を測定するものではないが、教育力の可視化への一つのアプローチになるのではないだろうか。

教育力を可視化してとらえることは容易ではない。だが、視点を明確に定義し、可能なデータを蓄積しながら、社会に対して説明していく責任はこれからますます高まっていく。本学会がこうした期待にどのように応えていくかは、継続的な重要課題であるといえるだろう。

2 「転換期に立つ大学」〝市場化〟とこれからのデザイン

高等教育における「市場化」についての議論は、七〇年代の半ば頃からかなり継続してなされている。市場化がどのようにして起こったのかについても、おおむねコンセンサスが得られているように思える。

市場化は、七〇年代の後半くらいから「小さな政府」「市場」「グローバリゼーション」および、八〇年代の「ＩＴ革命」に代表される四つの共通言語で語られてきた。そしてここ一〇年ほどは、ポスト福祉国家の政策枠組みの中心は「市場」にあるという議論も盛んになっている。

大学と市場の関係はどうなのだろうか。大学と市場を結びつけているのが「知識」である。だが日本の教育界はこれまで、知識の有効性を正面から取り上げてこなかった。「知識が役に立つ」というような言説も受け入れ難かったのである。なぜなら、企業の採用は大学の知識を尊重していないからである。（矢野二〇〇一「高等教育研究」第四集）。

確かに日本の教育界は、知識の有効性を正面から取り上げてこなかった。役に立つという言説も受け入れてこなかったのだ。市場化といいながら、もう一方で市場そのものである卒業生の受け入れ先である企業が、大学で学んだ知識や経験を含め、大学でなされる教育を必ずしもリスペクトしてきたわけではないからである。このことも、十数年前からすでに指摘されている。

市場化の議論には、もう一つ別の視点もある。それは消費財として教育をとらえるものである。プライバタイゼーション（教育の私学化）との関わりの中で、臨教審の教育の自由化以降、教育を個人的な消費財とみなす傾向が強まっているようだ。ただ私のような私学の人間の立場でいえば、個人に対する消費財としての教育を意識することが日常的になっているように思う。

市場化の議論は、設置基準や規制緩和との関連の中で展開されてきた。そして、小泉改革が進めた規制緩和により、結果として強い規制力を持つ事後監視監督体制が採用されたのである。しかし、市場化をマクロな、あるいは世界の文脈の中でとらえる視点と、私の立場は異なる。同様に高等教育に携わる関係者の、それぞれの立場によっても「市場化」の受けとめ方は異なっている。現状の中での市場化の議論は、それぞれの立場によって、必ずしも同じ次元で受けとめられてはいないし、同じ次元で語られているわけでもないのである。

極端な話をすると、例えば同じ県の中に私立大学が三つあり、一校が市場淘汰され潰れれば、自分の大学は生き残ることができると本気で考えている大学経営者は、現実に、ごく普通に存在する。このような意味で「市場化」は、グローバル化との関わりや文明論的な転換というような高度な次元とは別に、非常に生々しい現実の文脈の中に存在しているのである。

「将来像答申」で予想されていた〝市場化〟への対応は整っていたのか?

市場化の議論は、中教審の将来像答申(〇五年)あたりから始まったのではないだろうか。この答申では「市場化」は具体的にどのように扱われているのか。またその後「市場化」の議論が、高等教育の政策にどのように反映したのかをみていくことにしたい。

こんな指摘がある。それは、七〇年代の中期から八〇年代初期の五年間ほどが、ある意味で、最も高等教育が、教育計画としても、政策的にもうまくいっていた時期だったというものである。それが市場化の流れの中で、高等教育計画を放棄し、市場競争に身を委ねるという方針に変更された。この方針転換が明確に打ち出されたのが将来像答申だったように思う。

答申を読み返してみると、いわゆる機能別分化論が骨子になっていることに気づく。これは各大学の責任で、①世界的研究・教育拠点、②高度専門職業人養成、③幅広い職業人養成、④総合的教養教育、⑤特定の専門的分野の教育・研究、⑥地域の生涯学習機会の拠点、⑦社会貢献機能を選択することにある。機能別分化論と呼ばれる所以である。

重要なのは、それまで各大学が持っていた高等教育計画を放棄し、個別的な機能の選択を求められたこと。そして、これらの選択は各大学の自己責任で行われたことである。

答申には「市場化」という用語は用いられてはいない。その代わり高等教育の将来像、すなわちグランドデザインという用語が使われている。グランドデザインという言葉は、それから二〇年近く経過した現在、〝グランドデザインの策定〟などというタームの中で生き続けているのは皮肉である。

改めて答申を読み返すと、高等教育計画を放棄するにあたり、国が果たすべき役割について、ある意味で重要な指摘を行っていたことが分かる。市場化は、各大学の責任において個別に展開されるが、それぞれが選択した市場範囲の拡大については、具体的なイメージがあまり描かれていないのである。地域配置の適正化や人材普及の重点分野に関する指針や情報提供についても、部分的かつ小規模にしか触れられていない。確かに地域配置の適正化や人材育成の分野においては、国が情報提供することなど、国の責任について言及されてはいる。計画の放棄と大学自身の選択に基づく機能分化を国がサポートする仕組みが必要であると明確に書かれてもいる。だが、私も中教審に身を置いていてよく分かるのだが、この答申が、政策を直接決定しているわけではないということである。なぜなら、答申を受けて政策化するのは文科省である。つまり、答申に書かれていたからといって、それが必ずしも政策的に実現するとは限らないのである。

結局、計画の放棄と大学自身の選択に基づく機能分化を国がサポートする仕組みづくりは、これいのである。

といった実効性は認められなかった。この意味でこの答申は、目覚ましい成果を上げたとは思えないのである。

一八歳人口の減少と市場規模

一八歳人口は、この答申が出された〇五年あたりからほぼ一〇年間は一二〇万人程度で横ばいが続いていた(「序章」図参照)。一八年から減少期に入り二八年には一〇七万人になると推計されている。ともあれ一二〇万人前後で推移する時期であったため、答申では、一八歳人口の大幅な拡大は必ずしも見込めないと書かれていた。現在一〇〇万人台までに減っているわけだが、それまでの間、一八歳人口の拡大がなかったことは確かである。社会人学生や外国人留学生については、この時の答申では、主に大学院(修士、博士、専門職学位課程)段階での高度な学習需要の、着実な伸びが期待されると予測していた。だが、実際にはこの期待は、見事に裏切られたというしかない。なぜなら、専門職大学、専門職大学院は必ずしも成功しているとはいえないからである。他方、学部、短期大学段階では、量的に大幅な拡大は必ずしも見込めない状態にあった。短大はその後、減少することになる。

パートタイム学生についても、その定着と発展については今後の展開に委ねられる部分が大きいということで、明確な方向性は示されていなかったのである。

生涯学習とユニバーサル・アクセスの実現

「人々の多様な生涯学習需要は増大する傾向にあることから、社会人が高等教育機関で学ぶ機会もますます増大していくものと考えられ、この意味でも「ユニバーサル・アクセス」の実現が求められている」（将来像答申　〇五年　以下カッコ同）

生涯学習との関連では、ユニバーサル・アクセスの実現が重要な課題であると指摘されていた。

「学（校）歴偏重社会」が次第に過去のものとなり、高等教育機関と実社会との「往復型社会」への転換が加速するであろうことをも意味する。（中略）社会人が必要に応じて高等教育機関で学修を行い、その成果をのってさらに活躍する「往復型社会」への転換が加速するものと期待される」

マクロな視点からは、社会人の学ぶ機会が増大していくという方向性も示され、高等教育機関と実社会の往復型社会への転換が加速するとも予測されていた。だが、残念ながらこの予測は当たっているとはいい難い。

誰もが、いつでも、自らの選択により、適切に学べる機会が整備された高等教育、すなわち、学習機会に着目した「ユニバーサル・アクセス」の実現が重要な課題である。

地域配置に関する考え方

地域配置については、以下のように書かれていた。

「大都市部における過当競争や地域間格差の拡大によって教育条件の低下や学習機会に関する格差の増大等を招くことのないような方策を講ずることは重要な課題である。その際、人材の流動性や遠隔教育の普及等とともに、地方の高等教育機関は地域社会の知識・文化の中核として、また、次代に向けた地域活性化の拠点としての役割をも担っていることに留意する必要がある」

これは、現在にも引き継がれ、ますます重要性を増している課題である。確かに、大都市部における過当競争、地域間格差の拡大によって、教育条件の低下や学習機会に関する格差の増大などを招くことがないよう、方策が講じられることは重要である。だが残念ながら、その方策を含め、全体がうまく機能しているとはいえない。むしろこのこと自体が、現在の大きな政策課題になっているといっていい。

例えば、入学定員の管理である。

「大都市部における設置認可の抑制方針を撤廃したことによる大都市部における過当競争や、地域間格差の拡大によって教育条件の低下や学習機会に関する格差の増大等を招くことのないよう、各国公私立大学における適正な定員管理を図るための方策を講ずることも重要な課題である」

大都市部における過当競争、地域間の競争などで、格差の拡大を招くことがないように適切な定員管理を図るための方策を講ずると書かれている。だが、誠に残念ながら、そういう方策が講じられたにしては、まったくその効果がみえない状態が続いてきたのである。定員超過を一・一倍未満に抑制するという問題は、大手私学などの実際の教育状況を悪化させる事態をもたらした。専任教員数はほとんど増やさず、入学定員を増やすという大学が出現したからである。これに対し全国知事会が反旗を掲げ、東京での定員抑制を求めたのは記憶に新しい。

「大都市部における設置認可の抑制方針を撤廃したことによる大都市部における過当競争や、地域間格差の拡大によって教育条件の低下や学習機会に関する格差の増大等を招くことのないよう、各国公私立大学における適正な定員管理を図るための方策を講ずることも重要な課題である。（中略）地方における高等教育機関は、それぞれの特色を発揮した教育サービスの提供の面だけでなく、地域社会の知識・文化の中核として、また、次代に向けた地域活性化の拠点としての役割をも担っていることに留意する必要がある」

地域社会の知識、文化の中核、次代に向けた地域活性化の拠点としての大学の重要性が指摘されている。十数年前にこういう指摘がなされていたのだが、残念ながら実ってこなかったのである。

人材養成の分野別構成

「国は、高等教育機関の自主的・自律的努力を支援するとともに、人材需要見込み等を的確に把握して情報提供する仕組みを整えるべきである」

当時、規制されていた医師、歯科医、これに加え獣医師、教員、船舶職員などの五分野の取り扱いについても、人材需給見通しなどの政策的要請を十分に見極めながら、抑制の必要性や、程度や具体的方策について、必要に応じて個別に検討する必要にも言及していた。

「国として重点的・戦略的に推進すべき人材養成分野については、当該分野の人材需要見込みや国際的環境等を的確に踏まえながら、高等教育機関の自主的・自律的な努力を幅広く誘導・支援していくことが考えられる。（中略）国は、各高等教育機関の行動選択の参考に供するとともに、その自主的・自律的な努力を効果的に支援するため、分野ごとの人材養成に関する需要や国際的環境、求められる人材像等について、関係府省や民間政策研究機関等が保有する様々な情報を恒常的に収集・整理するなどして的確に把握し、提供すべきである」

養成分野については、国際環境などを見定めながら、高等教育機関の自主的、自律的な努力を幅広く誘導、支援すること、関係省庁や民間政策研究機関、保有する様々な情報を恒常的に収集、整理するなどの形で情報提供することなどが、ある程度の方向性や需要を示す形で、高等教育の適正化を図っていくことが十数年前に指摘されていたことになる。

では、現実はどうだろうか。まったくそうなっていないのである。例をあげてみよう。私はかつてテキサス州立大学のシステムを現地調査したことがある。テキサス州立大学は、全米で四番目の資産規模を誇っている。資産の中身はオイルマネー。テキサス州が生み出すオイルマネーをテキサス州立大学システムの基金に流し込んでいるのだ。

面白いことにここでは、調査の目的にはなかったサイバーセキュリティの人材養成の話を聞かされる羽目に陥ってしまったのである。想定外だったのだが、とても興味深い内容であった。そこで語られたのが、人材の数。全米で必要とするサイバーセキュリティ人材数は一〇〇万人だというのである。

最近、日本では三五万人必要だという報道があった。かなり数字に落差があるのだが、テキサスでは、上はドクターコースから末端はサーティフィケイト・プログラム（特定の知識、技術獲得のプログラムを終了したことを証明する履修証明）に至るまで、様々な階層でサイバーセキュリティ人材育成プログラムを作ろうとしているのである。

日本なら、特定の職種に絞り込んだ人材養成が求められると、大学院のトップ校に重点的に資金提供されるケースが多い。ところが、テキサスの仕組みがユニークだったのは、ドクターからサーティフィケイト・プログラムまで、つまり、最上級から初級まで重層的かつ構造的に教育プログラムを開発する発想になっている点であった。

サイバーセキュリティ人材育成に必要な三〇〇のコンピテンシーをナレッジグラフというグラフに構造化し、階層別の教育プログラムをテキサス州の州立大学機構で作成し、標準化したものを供給しようとしている。実に計画的なのだ。

経産省の発表では、サイバーセキュリティに必要な人材は四一万人だという。現在確保されているのは二八万人。あと一三万人不足しているようだ。富士通などの大手は、必要な人材を自社で育成し、急増するサイバー攻撃に対応しようとしている。だが、人手不足は深刻だという。

人材育成事業に商機を見出す企業や大学は増えている。だが、必要な人材が揃うのはいつになるのだろうか。市場に対する情報提供の供給速度が日米では大幅に違うようだ。同時に、人材育成の主体としての思考方法やアプローチの仕方が、我が国とはかなり異なっているように感じたのである。

議論の中で使用される「市場化」の意味

「市場化」に関する議論の中で、常々私は「市場化」あるいは「市場」という言葉が様々な意味合いで用いられていると感じている。

代表的な使われ方の一つは、大学がごく普通に意識していると思われる「市場」と「市場競争」である。つまり、新入生をどう確保するかというのは喫緊の課題であり、全国・広域・県内のそれぞれの範囲で、大学は「市場化」あるいは「市場」を意識せざるを得ない。

二つ目は、新卒の「労働市場」といわれる場合の「市場」である。これは大学がどのようなアウトプットを経て卒業生を市場に送り出していくかということを意味している。この場合の「市場」は全国規模だったり、地域に特化したものだったりする。

三つ目は、地方創生、地域振興のパートナーとしての地域社会(国、地方自治体、地域産業)が形成する「市場」である。四つ目が、大学間での〝生き残り競争〟〝サバイバル〟などとマスコミがセンセーショナルに取り上げるような場合に多用される「市場」である。この時の「市場」は、地域社会に限定されている。リアルにいえば、地域の中で、三校のうち一校が潰れてくれれば、自らの大学は生き残ることができるといった文脈で語られる「市場」である。

私が問題にしたいのは、四つ目の「市場」についてである。このような市場原理主義的な「市場」のとらえ方は、市場化の進行や教育の外部市場からの圧力の強化などに伴って拡散してきたように思われる。だが「市場」がこのような意味を持って語られる時、議論は規制による閉塞が主題となりがちである。そして、内部市場的な競争とグローバル市場におけるトップ大学層への注目と、国内外の大学ランキングをめぐる競争に関心を集中させてしまう傾向を持っている。つまり短絡に走りがちなのである。だから、市場の原理にそぐわない私立や地方、中小規模の大学はすべて不要、あるいは淘汰されても構わないといった極端な議論に発展してしまうのである。

「市場」という言葉は、大学の存在をどのレベルで考えるかによって変わってくる。同時に、それぞれの教育機関が持つ固有の条件によっても意味は微妙に異なるものなのである。にも関わらず、同じ言葉を用いながら議論を展開させようとしているのだ。これでは、一元的な市場イメージに振り回されてしまうのではないかと、私は危惧するのである。「市場」という言葉のとらえ直しは不要なのだろうか。

「市場」のとらえ直しは必要ないのか

伝統的な受験戦争を意識した市場がある。これは限定されたある意味で狭い市場である。一方で、社会人、外国人、通信教育といった市場がある。だが残念ながらこの分野の市場化は、ここ十数年間、失敗し続けてきたといわざるを得ない。

留学生市場についても、同様である。国が様々なインセンティブマネーを用意しても、海外オフィスを作っても、うまくいかないのである。なぜなのだろう。留学生市場が広がらないのは、海外で学生を入学させて教育を行っているわけではないことも大きな原因として考えられている。現地校化というのはまだ存在しないのである。

日本への留学は、外国人サイドからみると、日本に来ないと完成しない教育のスタイルである。だが、日本が留学先として魅力を失うのなら、あるいは日本の国力が衰えてしまうなら、海外の学生は留学先としてわざわざ日本を目指すだろうか。それは疑わしい。日本は外国人にとって、日本に来るまでの準備コストも含め、いちばんおカネと労力がかかる留学先なのである。しかも、日本語ができなければ〝成功〟しにくい高コスト市場になっているのだ。

海外キャンパス（分校）を持っている大学は、珍しくはない。だが、そのキャンパスは、あくまでも日本人向けのものであり、現地化校は存在しない。極言すれば、海外キャンパスは、海外研修で訪れた日本の学生が利用するための単なる厚生施設に過ぎないものになっている。これは本来的な意味でのグローバルな市場化を考える場合、大きな弱点になるのではないだろうか。

空想が許されるのなら、海外の日本の分校（海外キャンパス）で学ぶ現地の若者がいてもいいし、それはむしろ大歓迎すべきなのではないだろうか。過去の常識にとらわれ過ぎてはいけない。大学のスタッフもできる限り現地の人を採用する。そうなれば市場は拡大し、海外（現地）との交流度も深まるだろう。自動車産業の現地生産とまではいわないが、まさにグローバルな高等教育の「市場化」が展開されるのである。

社会人市場について考えてみよう。これについても固定観念が根強く残っている。大学側は単に、社会人学生の目的は学位取得にあると想定してきたように思われる。だが、そうだろうか。大学が供給する教育プログラムは、学位プログラムのみでいいのだろうか。この点についても、いわゆる〝常識〟を洗い直してみる必要がある。

もう一つの課題は、学費を負担するのは誰かという問題である。

自己投資などという言葉がまだ幅を利かせているせいなのか、多くの人たちは、本人負担、自己負担をあたり前のこと、つまり前提として考えているようだ。社会人の学習については、本人が受益者であるという想定が、社会全般の中でまだ根強いようだ。だが、時代は変わりつつある。企業などが、それぞれの利益のために学費を負担するスタイルも模索されている。

現在、厚生労働省が雇用者の主体的な能力開発や中長期的なキャリア形成を支援する取り組みを行っている。教育訓練受講に支払った費用の一部を支給したり、専門実践教育訓練を受講する四五歳未満の離職者の方に対しては、基本手当が支給されない期間について、受講に伴う諸経費の負担についても支援を行うという「職業訓練交付金」という制度も作っている。雇用の安定と再就職の促進を図ることを目的とするのが雇用保険の給付制度である。雇用保険の支給要件期間が三年以上(初めて支給を受けようとする場合は、当分の間、二年以上あること)であれば、学び直しの学費補助がなされるのである。

しかしこの制度には知識職業である公務員や教員は適用されていない(私立学校は対象)。なぜなら彼らは倒産のない公務員であるために雇用保険の対象になっていないからである。情報セキュリティ対策、自然災害対策、地方創生の事業企画、あるいは新しい学習指導要領に対応したプログラミング教育や科目横断型学習といった時代の変化に応じた学び直しが、待ったなしで必要とされる。だが、現実の職業人にその機会は整備されていないのが実情である。これは経済的にも、業務としての学びの機会も与えられず、自己責任で求められているのは社会問題といえる。

この数十年間の歴史の中で私が注目しているのが、履修証明プログラムである。これからの社会人教育の在り方やその未来を予感させるからである。国立大学にとっては、中教審将来構造答申以降、どのような機能を大学が果たすのかの説明責任が求められている。そんな中で、地域貢献機能を果たしているという説明のための取り組み例として考えられているのだろうか。だが教育事業としての採算性を無視したり、規模が小さいために、大学が費用持ち出しでやっている状況で、社会人の学び直しの機会としては十分機能していないのが実情である。官邸サイドから出た話のようだが、厚労省の職業訓練交付金とのマッチング、あるいは制度との接続などで、社会人の学びの環境が変化する動きも出てきている。つまり、自分のおカネだけではなく、サポーティブマネーを利用して学ぶことができるという仕組みが生まれる可能性も芽生えているのである。

これからの「市場化」——二〇二〇年問題・地方にとって大学の存在意義

二〇二〇年はオリンピックイヤーである。だが、教育の世界では「教育の二〇二〇年問題」が控えている。大きな節目を迎えようとしているのだ。大雑把にいうと、大学入試センター試験が新テストに変更され、新しい学習指導要領が施行（小学校から順次）される。とくに高校と大学の教育内容が大きく変わるのだ。そのため高校、大学の教育環境が激変するともいわれている。このような歴史的な変化は、地方の大学にとってどのような影響を与えるのだろうか。また、地方の大学の存在意義はどのように変化するのだろうか。

私学団体などの意見の多くは、いまだに国立大学とのイコールフィッティング（対等な競争、対等な条件・基盤）を主張している。国立大学を仮想敵として議論される部分もあるかもしれない。だが、私たちが現在進めているプロジェクトの調査によると、対等関係というよりはむしろ、公設民営大学と私立大学の公立化という動きが顕著なのが分かる。公立化のメリットは、地方交付税という収入が得られること。そのため大学の財政が好転し、付随して偏差値もアップする。私立大学公立化の動きの主な理由はここにある。

地方創生と大学の関連でいえば、地方に大手大学が進出する可能性はまずないだろう。東京理科大や東海大学の事例のように、結局、地方キャンパスを閉じるという方向に進むのである。このような状況を考慮に入れれば、大手大学の地方進出は難しいといわざるを得ないのではないだろうか。

マーケットの縮小と国のコントロール（ガバナンス）の強化

それでは地方にとって大学は必要ないのだろうか。マーケットの縮小と反比例して国のコントロール（ガバナンス）が強化されている。これでは、個性的な大学は生まれない。私立大学改革総合支援事業などは、努力して事業を推し進めれば推し進めるほど、典型的な、金太郎飴のような大学が生まれていく——そんな危惧を抱いてしまうのである。このような支援事業からは、おそらく新しい改革は生まれないだろう。取り組みへの手段や方法によって何点加点というような国のガバナンス、国の安上がりなコントロール手段を用いれば、私立大学が尻尾を振るだろうと思われていること自体が大きな問題なのだ。このように考えると、国公私を超えた連携合併論や首相が言い出している高等教育の無償化などは、国のコントロール（ガバナンス）の強化を含め、大きな問題を含んでいるといえよう。

マーケットの縮小に伴う国のガバナンスの強化——ますます政府のコントロールが強くなっていくのではないかと気がかりなのである。

文科省や中教審には、大学の合併・閉鎖といった〝シュリンク型（＝縮小、委縮型）〟の将来構想にとどまらない、規制緩和も含め高等教育の発展・充実に取り組もうという可能性を含んだ将来像提起を期待したい。

「学位」からサーティフィケイト、モジュール化——市場の拡大・創造へ

先ほども触れたように、社会人の学び直しについては、学位からサーティフィケイト（履修証明）、あるいは複数科目のモジュール化というようなことも考えなければならないのではないだろうか。

ちなみに私たちがアメリカで調査したテキサス州立大学のシステムも基本的には初級から最上級ま

で、モジュール型でカリキュラムが作られている。CBE（コンピテンシー・ベース・エデュケーション）は遠隔教育でも実施されている。

私たち（科研）は、地方の大学がどうすればサバイブできるかという可能性について研究している。CBEというのは、アメリカのサーティフィケイト・レベルのプログラムである。それは大学に行かなくとも、時間ベースの単位制ではない遠隔教育で、コンピテンシーが身につくことを目指している。学び直しを強く望む社会人にとっては注目すべきプログラムになるのは当然である。だが、問題がないわけではない。それは、大学の教員が要らなくなるプログラムになるかもしれないということだ。これをあまり大きく持ち上げると、教員も含めたわれわれ大学関係者はほとんど不要になり、品のないいい方を許してもらえば〝おまんまの食い上げ〟になるかもしれないということである。冗談はともあれ、こうしたプログラムや遠隔教育というような方式も、市場の拡大や新たな市場の創造のためには、考慮に入れておかなければならないだろう。

専門職大学ができれば、それで問題は解決するわけではない。機能分化と分野別ピラミッドを組み合わせないと、多様なニーズに応えていくことはできない。文科省ばかりではなく、他の省庁との連携も考えていかなければならないだろう。上層のことばかり考える経産省とボリュームゾーンを意識する厚労省……。様々な役所が存在するが、人材養成を特定の上層だけに焦点をあてることで、本来的な育成が実現するかといえば、それは極めて疑わしいのである。

グランドデザインを作る上で必要な要素――修業期間と費用分担の見直し

高等教育のグランドデザインを作る上で必要な要素の一つに、修業期間と費用負担の見直しがある。学位課程の標準期間は四年か二年。最短年数で卒業する、あるいは、最短期間で学位を取得というのが、つねにプログラムを履修する側の目的や動機のベースにある。だが、このような教育プログラムは、コストに見合う価値を持っているのだろうか。具体的にいうとモジュール型への対応は考えられているのかということである。

例えば、ストップ・アウト(中断型)学習への対応である。ストップ・アウトというのは、中断しながらも学習が継続できること。学習している途中で仕事が忙しくなったり、何らかの事情で学習を中断せざるを得ない事態が発生した場合でも、一時的に学習を中断し、職場復帰できたり、職場環境が改善されて再び学習に戻ったりすることが可能な学習スタイル。いってみれば職業と学習の往復型である。短期間に学位取得を狙うものも従来型に加え、柔軟性を持たせた学習スタイルであるモジュール型への対応も考慮に入れておくべきではないだろうか。

また、誰が費用負担するのかも再考する必要がある。CBEを調べた際に興味深かったのは、ある大学では費用のほとんどを雇用主が負担していることであった。人手不足になる雇用主は、一人でも雇用者に辞めてほしくない。このような事情により、雇用主が離職者対応のために学費を負担しているのである。看護や介護の分野ではすでにお礼奉公型奨学金が目立ってきている。資格が必要な分野では、人手不足は悩ましい問題である。離職対策としての雇用者負担は、今後日本でも増えていく傾向にあるのかもしれない。

資格枠組み(Qualification Framework)の必要性

もう一つ大きな問題は、資格枠組み(クオリフィケーション・フレームワーク)である。これは各資格のそれぞれのレベルを比較する〝物差し〟になるもの。いま世界各国で、資格枠組み(クオリフィケーション・フレームワーク)の策定が進んでいる。

代表的なのが、欧州資格枠組み(European Qualifications Framework)。これは欧州各国で発行されるそれぞれの資格を、国内的にも、国際的にも比較可能にし、教育、訓練、労働市場でのリンク、つまり相互関連の強化を図るために生まれたものだ。例えば、ある国で通用する資格を持っている人がいるとしよう。だがその資格が、どのようなレベルの知識、技能、能力を求めているものかが分からなければ国境を超えて通用することはできない。欧州資格枠組みは、このような不都合・不合理を解消し、国境を超えて比較、認識可能にするための枠組みである。生涯教育をより活発化させることも目指している。

残念ながら主要国であるアメリカと日本がこの策定に取り組んでいない。だが、とくに日本の場合、社会人の学び直しや、女性、中高年の能力開発など、国のインフラ（資源＝リソースとしての人材）としての必要性は高まり、資格枠組みの策定がますます求められているのである。

プロ野球選手やタレントが大学を飛び越えて大学院に入るのはいいことなのか

日本の高等教育機関における資格枠組みは、まだまだリアリティを持って受けとめられていないのが実情である。しかし困った問題がここに浮上している。

互いのレベルを比較可能にする環境が整っていないためなのか、あるいは質保証のレベルに無頓着だからなのか、学校種間のレベルも混乱しているのである。というより学校種間のレベルはしばしば無視される場合も少なくないのである。

日本の高等教育機関は五つある。大学、短大、高専、専修、専門職大学がそれだ。教育機関は別だが、例えば看護・介護・保育士などの、いわゆる基礎科目の共通化は検討されていいだろう。しかし、問題なのは学校種間のレベルを無視し、編入学が認められる仕組みやケースが既成事実化していることにある。

具体的にいうと、有名な元プロ野球選手やタレントなどが、高卒であるにも関わらず大学を飛び越えて大学院に入ってしまう。果たしてこれはいいことなのだろうか。基本的には、高卒の学歴では「大学院の入学資格はない」ケースである。しかし、学校教育法の施行規則で、大学による個別入学資格審査にパスした場合は、大学院の受験資格があると定められているのだ。つまり、個々の大学が、大学卒と同等以上の学力があると認めた場合である。ただ、その学力をどのように測るのかについては、定量的な基準はなく、個々の大学の審査によるという。

個々の大学の審査にパスしさえすれば、あたかも高校の専攻科や専門学校から大学に編入できるように、個別の大学が認めれば大学院に入ることができるのである。私は所属する中教審の議論の中で、最後までこのことに対し、猛烈に反対してきた。たとえ低いハードルだとしても一つ認められれば前例主義でどんどん認められてしまうからである。そしてそれが既成事実化するのは目にみえている。誤解しないで頂きたい。私はプロ野球選手はもちろん、ある世界で抜きん出た力を発揮した方の能力は、高等教育の中でも活かされ、尊重されるべきだと思っている。普通の教員にはない魅力的な経験に学ぶところも多いはずだ。だが私の問題にしているのはこのことではない。質保証を無視する制度そのものにあるのだ。

学校種間レベルのどこがどう繋がっているのか。学校種間の関係性がはっきりしない中で、このような無茶なことが行われるとどのようなことが起きるのか。それは、質保証といういわゆるクオリティコントロールがまったく機能不全になり、大学そのものが、ますます風評とランキングという一元的な尺度で評価されがちになるのである。市場原理主義の負の側面が如実に表れるのである。特徴的なタイプの大学がどう評価されるべきなのか。あるいは、ある水準を保っている大学の存在がどのように尊重されるべきなのか。ところが質保証を無視して、大学を飛び越えて大学院に入ってしまうようなケースがますます増えれば、それぞれの大学が持っているクオリティは無視され、レベルが錯綜したカオスの中に投げ込まれるのである。

もう一つある。中教審の議論の際に、どうしても理解できなかったのが、教育年数だけで同等視することである。そして一度編入学を認めると、この仕組み自体が既成事実化するのである。しかし、力及ばず私は押し切られてしまった。残念なことだが、このようなことが許されるようでは世界に通用する大学は永遠に生まれないだろう。私は依然として、このような大学院の入学制度に疑問を持ち続けているのである。

大学マネジメントの立場からみたこれからの市場化への備え

高等教育無償化が喧伝されている。教育は社会全体で行うものであるという理念そのものに異論はない。だが、我が国の国家財政でそれは可能なのだろうか。まだまだ議論の余地は残され、実施はそう簡単ではない。だが高等教育無償化論の行方によっては、当然のことだが教育界に財政的な面でも政策をコントロールする面でも大きな影響を与える。しかし現時点では、現実性も含め先行きを見通すことはできないのである。

重要なのは市場化への備えである。その中核をなすのは、市場価値を集中させ、強化させる研究や教育プログラムの開発にある。つまり、具体的な戦略の明確化が求められるのである。「市場」を拡大、あるいは選択(特化)させるためには、それを意識した教育力あるいは研究力の強化が必要である。

一方で、高大接続改革が奏功するか否かに関わらず、学修成果=市場価値の説明力を高めることは重要だ。また、ステークホルダーからの理解・支援が得られるための情報の発信も不可欠である。グランドデザインの変化に対応できる教職員の意識涵養と組織マネジメント力の強化(目的、状況認識、方策=内容・方法、モチベーション)、学生自身の自己効力感・コンピテンスの修得・自覚を促すことも重要であるのはいうまでもないだろう。

3 教学マネジメントとは

教学マネジメントが、世界の高等教育の課題として重視されてきている。これは高等教育の質保証が課題となり、学習成果をどのようにあげているかが問われるようになってきたことと関係している。

教学マネジメントは英語では、Management of teaching and learning というが、教員からみた〝学習

＝learning》について、カリキュラムだけでなく教育学修の支援体制も含めたマネジメントを行うことも意味している。

定義するならば、教育目標を達成するために教育課程を編成し、その実現のための教育・指導の実践・結果・評価の有機的な展開に向け、内部組織を整備し、全体を運営することである。言い換えれば、ディプロマ・ポリシー、カリキュラム・ポリシー、アセスメント・ポリシー、そしてアドミッション・ポリシーを結合し、教育力の向上に対する組織的な取り組みをすることである。そして、教職員の能力開発ならびに協働関係の構築なども含め、これらすべてを総合的にとらえた組織経営、組織管理が教学マネジメントなのである。ステークホルダー（利害関係者）に認めてもらえる教育の質保証や、質向上のための大学経営の仕組みといってもいいだろう。

教学マネジメントの範囲

教学マネジメントの対象領域はどこまでなのだろうか。篠田道夫氏は教学マネジメントが大学教育の主な四領域（正課教育、正課外教育、進路教育、学生支援システム）にまたがっているとしており、これらの四領域を統合的に設計し、学生育成、成長の仕組みとして機能させ、統括することが教学マネジメントであると述べている。職員が教育を担う重要な一員として位置づけられており、教職協働が必要とされる理由の一つが、このとらえ方にある。

同氏の示す四領域を紹介すると、第一に正課教育である。カリキュラム体系が、目標の達成と特色ある人材養成に相応しく系統的に配置され、教育されているか。授業科目の内容を示すシラバス(授業計画)が確実に実行されているか。学生の到達、授業評価・改善システムやGPA(Grade Point Average＝成績評価値)制度などが機能しているか、である。

第二は、正課外教育である。いまや学生は正課授業、教室の中だけで成長を図ることは困難であり、学習相談システム(ライティングセンターなど)から教育環境整備まで多岐にわたる支援の仕組みの中で学修成果をあげていく。これらは正課教育と対をなす大きな教育体系として、学生の動機づけや満足度の向上に寄与している。そしてこの分野は、教員の教育への直接的参加なしには成り立たないのである。

第三は、進路教育の領域。学生を一人前の社会人にするための育成システムである。キャリア教育、就職支援システム、各種の資格教育、インターンシップ、就職相談、キャリアアドバイスの分野などがそれである。

第四に、多様化する学生支援システムの構築である。これには、経済が停滞する中での生活支援、奨学金業務、健康維持や増加傾向にあるメンタル相談、課外活動の指導やアルバイト支援、学生の要望や不満を大学改善に反映するシステムまでが含まれる。

このように、アドミッション、カリキュラム、ディプロマの三つのポリシーが連結し、インプット（入学・入口）→スループット（大学での学修）→アウトプット（卒業・出口）が一貫した流れとして学生の成長に寄与できたかをモニターするエンロールメント・マネジメントが教学マネジメントの基本であるといえよう。

教学マネジメントをどのように確立していくか

それではこれら広範囲な領域を、どのようにマネジメントしていけばいいのだろうか。

中央教育審議会答申「新たな未来を築くための大学教育の質的転換に向けて」（二〇一二年）では、大学に対し「速やかに取り組むことが求められる」ことの一つとして、教学マネジメントをあげている。

具体的には、①学長を中心にする、副学長・学長補佐・学部長及び専門的スタッフなどがチームを構成し、②大学としての学位授与の方針（全学のディプロマ・ポリシー）の下で、学生の求められる能力をプログラムとしての学士課程教育を通じていかに育成するか（学生が習得する一二四単位を一括りとする学位プログラム単位でのディプロマ・ポリシー）を明示し、③個々の授業科目が能力養成のどの部分を担うのかを（教員間の議論を通じて）共有し、他の授業科目と連携し関連し合いながら組織的な教育を展開する（学位プログラムとしてのカリキュラム・ポリシー）。そして、④プログラム共通の考え方や尺度（アセスメント・ポリシー）に則った成果の評価を行い、⑤その結果を踏まえたプログラムの改善・進化という一連の改革サイクルが機能する教学マネジメントの確率を図る――このように記述されている(括弧内は筆者が挿入)。

また、学部長の選任に対する論及でも、学長のリーダーシップの下で教学マネジメントを担い、(教員集団から選ばれた代表というより)大学教育の改革サイクルの確立を図るチームの一員であることが強調されている。

二〇一二年六月に公表された文科省の大学改革実行プランでも、学生の主体的な学びの確立のための質的転換のための取り組みとして、教育課程の体系化、組織的な教育の実施、授業計画(シラバス)の充実を支える取り組みとして「教員の教育力の向上、学生の学修環境の整備などを進めるための全学的な教学マネジメントの改善」があげられている。

中教審と文科省の高等教育の現状に対する危機感は共通して強く、組織的な教育を実現していくことに向けての教学マネジメントに対する期待感は極めて大きいものがあり、その実践を喫緊の課題として大学に求めていることは間違いない。

しかし、教学マネジメントの確立の具体策を議論し始めると、大学の特性によって課題は大きく異なってくる。大規模大学・総合大学では学長のガバナンスの問題に論点が集まりやすい。

両角亜希子氏によれば、日本の私立大学経営にはガバナンスとマネジメントの両方が含まれており、区別されていないと指摘している。アメリカの大学は、理事会が長期的視野に立って運営・発展について考え、マネジメントを支えるという役割（監督機能）を果たし、大学執行部は教学マネジメントを短期的視野に立って担当し、日常業務を行う（執行機能）という「シェアード・ガバナンス」という分担関係になっている。アメリカの教学マネジメントとは、理事会の承認した政策と手続きの範囲内で、大学の効果的な運営、目標の達成、資源の効果的な使用、教育、研究、サービスの最高水準の創造的支援を果たすこと（フランク・ローズ前コーネル大学長）といわれている。これに比べると、日本では、ガバナンスと教学マネジメントが混同されやすい状態となっている。

日本の場合、大学経営とりわけ私大経営の中心は教育にあるといってもよく、歴史的にみても大学そのものの存在意義の根幹をなしてきている場合が多い。しかし大学の使命や教育目標を達成するためには、教育研究組織や教育内容、また教育方法をトータルに設計し、運用・管理していくために教学マネジメントが必要になる。具体的には、執行部の意志決定支援システム、自己点検・評価、戦略的計画立案、ＩＲ、エンロールメント・マネジメント、ベンチマーキングなどが含まれるが、基本情報は学生の学力実態、学修成果、将来への希望など教育活動と学生の学修や生活に関する情報である。教学マネジメントが多義的に受け取られるのは、こうした様々な項目を組み合わせてシステムにしていくことによって全学的なマネジメントが可能になるからであろう。

言い換えれば、教学マネジメントとは、教育目標と学生実態（成長）を連結させる機能であり、答申で強調されたように、どのような教育を提供したかではなく、学生の学びの結果どんな力が身についたかをモニターし検証していくことである。

教学マネジメントの現状と課題

現在の日本の大学では、学生の学習マネジメントはどの程度行われているのだろうか。

文部科学省高等教育局が継続的に実施している「大学における教育内容等の改革状況調査」(平成二六年度)の結果から、概況をみてみよう。この調査の目的は「大学における教育内容・方法の改善等の実施状況について定期的な調査を実施し、国民への情報提供に努め、各大学のより積極的な教育内容等の改善に関する取組を促す」こととされており、教学マネジメントの各パーツの実施状況の変化をみることができる。〈特に進展が見られた事項の例〉として、(1)継続的な進展が見られた事項と、(2)近年進展が見られた事項(近年各大学によって取り組まれるようになり、全国的にはまだ普及していないが、進展を認められる事項)がそれぞれあげられている。

(1)としては以下の項目があがっている。

・初年次教育において、論理的思考や問題発見・解決能力の向上のためのプログラムを実施している大学数

……平成二一年度:三一四大学(四三%)→ 平成二六年度:四六六大学(六三%)

・初年次教育において、将来の職業生活や進路選択に対する動機付け・方向付けのためのプロ

グラムを実施している大学数

……平成二一年度：三七九大学（五二%）→　平成二六年度：五五〇大学（七四%）

・学部段階において、GPA制度を導入している大学数

……平成二一年度：三六〇大学（四九%）→　平成二六年度：五七八大学（七八%）

・学部段階において、学生の学修時間や学修行動の把握の取組を行っている大学数

……平成二三年度：二六九大学（三七%）→　平成二六年度：五六五大学（七七%）

初年次教育の定着が明確になっていることと、学生や教育の実態把握や評価のための情報収集がやっと定着し始めたことが確認できる。他方、GPAについては、中教審将来構想部会の私の所属するワーキンググループの審議で、形式的な導入が進んだだけで計算方法や活用方法が余りにまちまちで、この結果だけでは評価できないという声が相次いだ。

(2)については

・履修系統図（カリキュラムマップ、カリキュラムチャート）を活用している大学数

……平成二三年度：二九九大学（四〇%）→　平成二六年度：四二六大学（五八%）

・シラバスに、準備学修に必要な学修時間の目安を記載する大学数

……平成二一年度：五〇大学（七%）→　平成二六年度：一二一大学（一六%）

・全学的なIRを専門で担当する部署を設置する大学数

……平成二四年度：八一大学（一一％）↓　平成二六年度：一五〇大学（二〇％）

これらの項目は改善され始めたとはいえまだその比率も低く、履修系統図も各大学、もしくは同じ大学内でも学部によって書式も情報量もばらばらであったり、学生の履修に活用されているとは思えないものが少なくない。

文科省のこの調査結果のWEB頁には、以下のような部分が記載されており、文科省自身がいかに教学マネジメントの改善についての危機感を抱いているかが伝わってくる。ここでは少し長いがそのまま引用しておこう。

〈今後の課題と考えられる事項の例〉

三つの方針に基づいた大学教育の質の向上のための各種取組

大学において育成すべき力を学生が確実に身に付けるためには、三つの方針（卒業認定・学位授与の方針、教育課程編成・実施の方針、入学者受入れの方針）に基づいて個々の授業科目等を越えた大学教育全体としてのカリキュラム・マネジメントを確立し、教育課程の体系化・構造化を行い、学生等へわかりやすく示すこと、各種データに基づいたＩＲによって教学マネジメントのＰＤＣＡサイクルを確立することが重要である。

この点について、学部段階において、卒業認定・学位授与の方針（ディプロマ・ポリシー）は約九八％、教育課程編成・実施の方針（カリキュラム・ポリシー）は約九八％、入学者受入れの方針（アドミッション・ポリシー）は約一〇〇％と、ほとんどの大学で定められているが、次のような課題がある。例えば、学生へ各大学の教育内容をわかりやすく示す方策としてはカリキュラムマップ、カリキュラムチャート等の履修系統図の活用やシラバスの充実（例えば、シラバスに準備学修に必要な学修時間の目安に関する記載を行うこと、シラバスに課題に対するフィードバックに関する記載を行うこと）が有効であると考えられる。だが、履修系統図を活用している大学が五八％、シラバスの充実に関する記載を行っている大学の割合は、学修時間の目安の記載が一六％、課題に対するフィードバックが一三％と、近年進展を示しているものの依然として低い割合にとどまっている。

また、ＩＲについては、全学的なＩＲを専門で担当する部署を設置する大学数が平成二四年と比較して増加しているが（一一％から二〇％に増加）、まだ取組が全体的な広まりを見せているとは言えず、今後、先進的な取組事例も参考に、各大学において取組が進展することが期待される。

教職員の資質向上

大学教育の質の向上のためには、教員の職能開発（ＦＤ（Fucalty Development））が重要であり、大学設置基準において、各大学における実施が定められている。この点について、教員のＦＤへの参加率は依然として低い状況（教員全員が参加した大学は約一一％、四分の三以上の教員が参加した大学は約三九％）となっている。また、「教員相互の授業参観」は約五四％、「アクティブ・ラーニングを推進するためのワークショップまたは授業検討会」は約三四％の大学で実施するにとどまっている。

さらに、学長のリーダーシップの下で戦略的に大学を運営できるガバナンス体制を構築するために、大学経営の感覚を身につけた教職員の育成が求められるが、この点について、教職員を対象に、マネジメント能力の向上を目的とするＳＤ（Staff Development）を実施する大学は約三五％、戦略的な企画能力の向上を目的としたＳＤを実施する大学は約二六％にとどまっている。

教学マネジメントの改善のためには、教員の所属する学部・学科といった組織と学生の教育を行うユニットである教育組織を分離するというマネジメント・スタイルに対する関心も高まっている。例えば筑波大学が教員組織「系」（英語の fucalty の訳）を新設し、教育組織である学群・学系や研究組織と分離し、学生本位の視点から学位を与える課程を中心とした教育の在り方を図ろうとしている。また、金沢大学のように、教育組織である課程を中心とした教育の在り方を徹底して、学位の質の保証と社会のニーズを踏まえた柔軟な教育の展開を図ろうとしている。また、金沢大学のように、学部・学科別の学生募集はより大括りな学域・学類単位で行い、入学後に経過選択制でコース選択を行うといった動きも、学習者の視点から教学マネジメントを改善していこうという動きの一つであろう。

現在の中教審将来構想部会では、工学分野においてさらに新たな制度改革を認めようとしている。これまで専任教員は、一つの学部・学科のみに所属し、他学部・他学科の授業担当は「兼担」といって非常勤に準じていたのを、新設以外の既設校では、科研費のエフォート率のように複数の学部・学科に専任としてカウントしたり、工学以外の専門分野とコラボレートする専攻を作ったり、大学院と学部段階を一体的にセットで履修できるといった「学位プログラム」化を認めようとしている。産業界などからの実務経験のある教員を設置基準の定める教員数に上乗せして迎える仕組みも併せて実施されようとしている。

新たな領域での人材育成にフレキシブルに対応していくことがその理由といわれているが、指定規則などで縛られている医療系や教員養成系のような資格連動型専門職分野への拡大は難しい。また、人文・社会科学などの分野にまで広げられていくかは、前述の学位の括弧書き問題との関係もあり、簡単には進めにくいだろう。

多様化と質保証を両立する教学マネジメントの仕組みをいかに実現するかは喫緊の課題になっている。

この項の最後に、日本の高等教育において、教学マネジメントの確立のために改善すべき課題を整理しておこう。あくまで提言である。三つにまとめてみた。

1．全学のディプロマ・ポリシーの作成、それに基づく学部・学科などの学位プログラム単位でのディプロマ・ポリシーおよびカリキュラム・ポリシー、アセスメント・ポリシー、アドミッション・ポリシーからなる教学マネジメント方針を、分かりやすく表現し直すこと。

2．教育を提供する側である教員集団および事務組織の中で、状況認識や情報共有が十分に行われていない場合は、IRの活用も含め、継続的かつ体系的なファカルティ・デベロップメント（FD）やスタッフ・デベロップメント（SD）の機会、さらには教職員合同の研修機会を設け、教学の現状と課題についての認識の共有を図ること。

3．教学マネジメントに活用できる、既存の基礎情報であるエンロールメント・マネジメント（入試―学修・学生生活―卒業）を点検し、できれば学生個人の変化が追跡できるパネルデータ化した学生カルテを作ること。こうすることで、情報を有機的に結びつけた活用ができていないケースがみつけられる。学修ポートフォリオ、学修行動調査、ルーブリックなどの学修情報を活用したマネジメントを行うこと。

以上の三つを実施・実行する必要があると思うのだが、いかがだろうか。

おわりに

今から一〇年ほど前、筆者は中教審大学分科会に置かれた「ＯＥＣＤ高等教育における学習成果の評価に関するワーキンググループ」の議論に参加した。近年の高等教育の拡大や国際化の進展に伴い、多様な質の評価が重要になっている。政府や高等教育機関、質保証機関による学習成果の評価方法の改善に資するため、ＯＥＣＤ（経済開発協力機構）が、「高等教育における学習成果の評価（ＡＨＥＬＯ）」の本格的な実施の可能性を試みたプロジェクトだった。経済学、工学、一般的技能（generic skills）のどの分野に取り組むかを議論し、結論としては工学分野への参加を決定し、二〇一三年に報告が出された。その成果には今日たいへん有用なものが含まれているが、現段階ではＰＩＳＡのような世界標準を作り出せていない。

この議論の際に、併せて高等教育の状況や環境を定量的な指標で比較する「背景情報」について意見交換をした。日本がＯＥＣＤ諸国の中で特筆する指標として話題になったのは中退率の低さと社会人学生比率の低さであった。前者が教育の質の高さの証拠になるかという委員間での意見交換で肯定する人はいなかった。後者については、一九七〇年にＯＥＣＤの会議で「リカレント教育」が登場してから半世紀が経とうとしているが、我が国の状況は根本的には改善していない。このように問題発見をしながらも、解決してこなかった（これなかった）結果、高等教育の危機はさらに深刻さを増してきたようにも思える。

本書では、後発の地方小規模大学の大学教育の中で考えてきたこと、解決すべき課題に取り組む中で、時代の変化と向き合いながら分析したり、考えたり、実践したことをまとめてみた。多様性、質保証、学修成果、可視化、マネジメントといったキーワードに代表されるように、かつて私が学生時代を送った一九七〇年代にはほとんど問われることがなかった事柄かもしれない。

しかし、私には、多様な個性を持つ学生の可能性を引き出すという意味での Educate という言葉の延長線上にあるように感じる。学生にとって、高校までの学びと大学での学びに断絶があるのはある意味で当然であり、それを乗り越えて成長していくことは発達課題であろう。その際に、大学という組織がどのような経験や機会を提供し、学生が自らの経験や獲得した知識を振り返り、紡ぎ合わせて、自分のものにしていくのか。言葉や概念が変わっても本質的な課題は、学生が〝やればできた、もっとできる〟という学びの好循環に乗っていくことができるかである。

私が一九七五年に上智大学に入学した当時のヨゼフ・ピタウ学長（故人）からは、多くのことを学ばせて頂いた。四〇代で学長に就任されたばかりの先生が、入学式で原稿もメモもみないで、イタリア人とは思えない流ちょうで格調高い日本語を駆使し、〝自らの言葉〟で熱く新入生に語りかけてくださった。三〇分近い時間であったと思うが、感動した思いはいまもはっきりと覚えている。

オリエンテーションキャンプで学生とともに大広間で朝食を取り、すべての学科の部屋をまわってこられた姿やキャンパス内でも気軽に話しかけ、励ましてくださった姿は忘れられない。彼は細やかに学生と接すると同時に、大学を大きく発展させ今日の上智の基礎づくりもされた。私にとって、学長として理想像を自らの行動と言葉を通じて教えてくださったことは大きな賜物である。

大学の規模や立地条件、設置する学部・学科、歴史や知名度によって、大学の評価や評判には違いはあるが、厳しい大学設置審査を経てそれぞれの地域に創設者たちの熱意や悲願を込めて創られてきた高等教育機関は、その地域の貴重な知識基盤である。一八歳人口のさらなる減少期を迎え、高等教育の無償化政策で、進学するための制約が多かった人々への社会的支援が強化されることは喜ばしい。しかし、高等教育機関には、教育の成果の可視化がさらに求められ、これまで以上に多様な学生たちそれぞれに対するモニタリングをし、その成長や変化を可視化し、自らの教育力を説明する責任が一層求められるようになるだろう。社会人や留学生を含め対象とする学習者の範囲や希望もさらに多様化していく。その中では、〝やればできた、もっとできる〟を学生に求めるだけでなく、大学関係者自身が自らも体現することが求められているのではないだろうか。

著者紹介

濱名　篤（はまな　あつし）

1956年兵庫県生まれ。上智大学大学院文学研究科社会学専攻博士後期課程単位取得満期退学。博士（社会学）。関西女学院短期大学教授、関西国際大学経営学部教授などを経て、現在は基盤教育機構教授。2005年より関西国際大学学長。2006年より学校法人濱名学院理事長も兼務。また、文部科学省中央教育審議会臨時委員、同学校法人運営調査委員、独立行政法人大学入試センター運営審議会副議長なども兼務する。専門は高等教育論、教育社会学。

学修成果への挑戦―地方大学からの教育改革

2018年9月29日　　初　版第1刷発行　　〔検印省略〕

＊本体価格はカバーに表示してあります。

著者©濱名篤／発行者　下田勝司　　印刷・製本／中央精版印刷

東京都文京区向丘1-20-6　　郵便振替00110-6-37828　　発行所 株式会社 東信堂
〒113-0023　TEL（03）3818-5521　FAX（03）3818-5514

published by TOSHINDO PUBLISHING CO., LTD.
1-20-6, Mukougaoka, Bunkyo-ku, Tokyo, 113-0023, Japan
E-mail: tk203444@fsinet.or.jp　URL: http://www.toshindo-pub.com/

ISBN978-4-7989-1520-3　C3037

東信堂

- 大学教学マネジメントの自律的構築—主体的学びへの大学創造二〇年史　関西国際大学編　二八〇〇円
- 学修成果への挑戦—地方大学からの教育改革　濱名篤　二四〇〇円
- 転換期を読み解く—潮木守一時評・書評集　潮木守一　二六〇〇円
- 大学再生への具体像—大学とは何か【第二版】　潮木守一　二四〇〇円
- リベラル・アーツの源泉を訪ねて　絹川正吉　三二〇〇円
- 「大学の死」、そして復活　絹川正吉　二八〇〇円
- 大学教育の思想—学士課程教育のデザイン　絹川正吉　二八〇〇円
- 大学教育の在り方を問う　山田宣夫　二三〇〇円
- 北大 教養教育のすべて—エクセレンスの共有を目指して　小笠原正明・安藤厚・細川敏幸 編著　二四〇〇円
- 検証 国立大学法人化と大学の責任—その制定過程と大学自立への構想　田中弘允・佐藤博明・田原博人 著　三七〇〇円
- 国立大学職員の人事システム—管理職への昇進と能力開発　渡辺恵子　四二〇〇円
- 国立大学法人の形成　大﨑仁　二六〇〇円
- 国立大学・法人化の行方—自立と格差のはざまで　天野郁夫　三六〇〇円
- 教育と比較の眼　江原武一　二六〇〇円
- 大学は社会の希望か—大学改革の実態からその先を読む　江原武一　二〇〇〇円
- 転換期日本の大学改革—アメリカとの比較　江原武一　三六〇〇円
- 大学の管理運営改革—日本の行方と諸外国の動向　江原武一・杉本均 編著　三六〇〇円
- 大学経営・政策入門　東京大学 大学経営・政策コース編　二四〇〇円
- 大学経営とマネジメント　新藤豊久　二五〇〇円
- 大学戦略経営の核心　篠田道夫　三六〇〇円
- 戦略経営111大学事例集　篠田道夫　三六〇〇円
- 大学戦略経営論—中長期計画の実質化によるマネジメント改革　篠田道夫　三四〇〇円
- カレッジ(アン)バウンド—米国高等教育の現状と近未来のパノラマ　J・J・セリンゴ著　船守美穂訳　三四〇〇円
- 米国高等教育の拡大する個人寄付　福井文威　三六〇〇円
- 大学の財政と経営　丸山文裕　三二〇〇円
- 私立大学マネジメント　(社)私立大学連盟編　四七〇〇円
- 私立大学の経営と拡大・再編—一九八〇年代後半以降の動態　両角亜希子　四二〇〇円
- 学長奮闘記—学長変われば大学変えられる　岩田年浩　二〇〇〇円
- 大学のカリキュラムマネジメント　中留武昭　三二〇〇円

〒113-0023　東京都文京区向丘 1-20-6　TEL 03-3818-5521　FAX03-3818-5514　振替 00110-6-37828
Email tk203444@fsinet.or.jp　URL:http://www.toshindo-pub.com/

※定価：表示価格（本体）＋税

東信堂

書名	著者	定価
大学の自己変革とオートノミー ―点検から創造へ	寺崎昌男	二五〇〇円
大学教育の創造―歴史・システム・カリキュラム	寺崎昌男	二五〇〇円
大学教育の可能性―教養教育・評価・実践	寺崎昌男	二五〇〇円
大学は歴史の思想で変わる―FD・評価・私学	寺崎昌男	二八〇〇円
大学改革　その先を読む	寺崎昌男	一三〇〇円
大学自らの総合力―理念とFD そしてSD	寺崎昌男	二〇〇〇円
大学自らの総合力II―大学再生への構想力	寺崎昌男	二四〇〇円
21世紀の大学：職員の希望とリテラシー	寺崎昌男 立教学院職員研究会 編著	二五〇〇円
ミッション・スクールと戦争―立教学院のディレンマ	老川慶喜 前田一男 編	五八〇〇円
一貫連携英語教育をどう構築するか ―「道具」としての英語観を超えて	鳥飼玖美子編著	一八〇〇円
英語の一貫教育へ向けて	立教学院英語教育研究会編	二八〇〇円
大学評価の体系化	生和秀敏 大学基準協会 編	三二〇〇円
高等教育の質とその評価―日本と世界	山田礼子編著	二八〇〇円
アウトカムに基づく大学教育の質保証 ―チューニングとアセスメントにみる世界の動向	深堀聰子	三六〇〇円
高等教育質保証の国際比較	羽田貴史 米澤彰純 杉本和弘 編	三六〇〇円
学士課程教育の質保証へむけて ―学生調査と初年次教育からみえてきたもの	山田礼子	三二〇〇円
新自由主義大学改革―国際機関と各国の動向	細井克彦編集代表	三八〇〇円
新興国家の世界水準大学戦略 ―世界水準をめざすアジア・中南米と日本	米澤彰純監訳	四八〇〇円
東京帝国大学の真実 ―日本近代大学形成の検証と洞察	舘昭	四六〇〇円
原理・原則を踏まえた大学改革を ―場当たり策からの脱却こそグローバル化の条件	舘昭	二〇〇〇円
学生支援に求められる条件 ―学生支援GPの実践と新しい学びのかたち	大島勇人 浜島幸司 清野雄多	二八〇〇円
アカデミック・アドバイジング　その専門性と実践 ―日本の大学へのアメリカの示唆	清水栄子	二四〇〇円

〒 113-0023　東京都文京区向丘 1-20-6　TEL 03-3818-5521　FAX03-3818-5514　振替 00110-6-37828
Email tk203444@fsinet.or.jp　URL:http://www.toshindo-pub.com/

※定価：表示価格（本体）＋税